## EDITORIAL
# Kapstadt

**Meine Lieblingsplätze**

❖

**Long Street**
Die ganze, in voller Länge. Sich treiben lassen – vorbei an Trödelläden, Boutiquen, Antiquariaten. In einem der vielen Cafés sitzen bleiben und den vielen verschiedenen Menschen hinterherschauen
–> S. 26

❖

**Boschendal**
Ein elegantes Picknick unter alten Bäumen auf gepflegtem Rasengrün mit einem Korb voller Köstlichkeiten: Das ist für mich die Quintessenz des kultiviert ländlichen Südafrika
–> S. 117

❖

**Nature's Valley**
Eine Wanderung in fast pastoraler Stille am endlos langen und unendlich schönen Sandstrand
–> S. 86

### Liebe Leserin, lieber Leser,

von makelloser Schönheit zeigt sich die reiche Metropole Südafrikas: Alles wirkt prächtig, perfekt kultiviert und opulent. Eine alabasterfarbene Stadt in eine elegant geschwungene Bucht drapiert, darüber der Tafelberg – ein Panorama so vollendet, dass Kapstadt Göttersitz sein könnte.

Diese Hymne auf die Stadt wird schon lange gesungen. Sir Francis Drake schrieb schon 1580 in seinem Reisebericht vom „lieblichsten Kap, das wir im Erdenkreis erblickten." Und trotz aller Hochhäuser, Autobahnen und anderer Bausünden scheint sich daran nichts geändert zu haben. Auch MERIAN ist begeistert vom „Europa des schwarzen Erdteils". Ist an seiner Riviera, der Garden Route mit ihren endlosen Stränden, der grünen Wildnis, dem warmen Indischen Ozean entlanggefahren. Hat die schönen Gärten von Kirstenbosch und Constantia, die blendend weiße kapholländische Architektur, die üppigen Weinberge vor grandiosen Bergen genossen, die eleganten Restaurants und Weinkeller goutiert. Und als wir hier Afrika suchten, wilde unberührte Natur, hatten wir es nicht weit bis zu den Cederbergen, zu den blühenden Landschaften der einzigartigen Fynbos-Vegetation, einer botanischer Schatzkammer.

Trotz aller Schönheit, es gibt auch das andere, arme Gesicht Afrikas. Das Kapstadt, das einen Teil seiner Bevölkerung an den Rand verbannt. Dennoch zieht es immer noch Menschen hierher. Schon immer waren es die Zuwanderer, die Afrikas Südspitze so spannend machten und machen und das Kap in einen Melting Pot aus verschiedenen Nationen, Farben, Küchen, Kulturen verwandelten.

Wie sie haben wir die Stadt auch genossen: als das Tor ins Innere des Kontinents. Wo der Weihnachtsmann auf dem Surfboard kommt, die Leute auf dem Weg zur Arbeit singen. Und wo alles möglich ist.

Herzlich, Ihr

*Andreas Hallaschka*
Andreas Hallaschka
MERIAN-Chefredakteur

### FÜR MERIAN UNTERWEGS

**KAPSTADTS BÜRGERMEISTERIN**
Helen Zille im Gespräch mit MERIAN-Autorin Susanne Bittorf. Ihr Urgroßonkel, der Karikaturist Heinrich Zille, hat sie immer inspiriert: Auch sie liebt Menschen, kämpft gegen Armut und Bürokratie S.42

**GERALD HÄNEL** schaffte den fotografischen Spagat vom Proteen-Stillleben bis zur knackigen Trendlocation. Was ihm am meisten gefiel, bleibt unsichtbar: die Freundlichkeit der Südafrikaner S.30/44

**OBIE OBERHOLZER** hat schon öfter sein Land für MERIAN interpretiert: Die Fotos des Südafrikaners sind von hoher Kunst, großer Kenntnis und erstaunlicher Farbigkeit S.86

# INHALT

# Kapstadt und die Kapregion

- **6 SKIZZEN | Das Kap in Kürze**
  Klippschliefer, Heilpflanzen, Siedler-Architektur und Extremsport
- **14 FOTO-REISE | Das Beste in Bildern**
  Fotografien von Wüste, Wildnis und Weinkultur
- **26 KAPSTADT I | Oh, Mother City – Eine Umarmung**
  Ein Loblied auf das neue Südafrika und seine pulsierende Stadt
- **30 KAPSTADT II | Afrika leuchtet**
  Sport, Shopping, Szene: ein Tag in der Trendmetropole
- **42 PORTRÄT | Der Zille ihr Milieu**
  Kapstadts Bürgermeisterin Helen Zille ist die Urgroßnichte des Berliner Zeichners Heinrich Zille
- **44 PENINSULA | Wilde Piste um die Küste**
  Durch Steilkurven zu Pinguinen und Pavianen: auf dem Chapman's Peak Drive zum Kap der Guten Hoffnung
- **54 SHOWBIZZ | Mit Biss und schönen Beinen**
  Südafrikas populärste weiße Frau ist ein Mann: Hinter der Entertainerin Evita steckt der Kabarettist Pieter-Dirk Uys
- **56 GEOLOGIE | Der Tafelberg**
  Ein naturwissenschaftlicher Blick auf die Entstehung des Giganten
- **62 BOTANIK | Fynbos: Das Königreich der Pflanzen**
  Die Geheimnisse der weltweit einzigartigen Vegetation am Kap
- **68 DER ZWEITE BLICK | Jenseits von Afrika**
  Gefängnis und Naturparadies: die zwei Seiten von Robben Island
- **70 FOTO-ESSAY | Die letzten Tage der Freiheit**
  District Six – Bilder eines Viertels voller Toleranz und Lebensfreude
- **78 WEINROUTE | Triumph der guten Tropfen**
  Edle Weine und Winzer mit Visionen: Es herrscht Aufbruchstimmung zwischen Paarl, Stellenbosch und Franschhoek
- **86 GARDEN ROUTE | Der Zauber am Ende der Welt**
  Faszinierende Aufnahmen entlang der Straße der alten Siedler
- **100 CEDER BERGE | Der Schatz der verlorenen Jäger**
  Magische Orte, Höhlenbilder und bizarre Sandsteinriesen: Ausflug in die sagenumwobene „Cederberg Wilderness Area"

### SEITE 78
### WEIN-WUNDER
Beste Lagen und Logenplätze für Genießer wie im Sante Winelands Hotel in Simondium: eine Weinreise durch die Kapregion

### SEITE 44
### KAP DER GUTEN HOFFNUNG
Afrikas äußerster Südwesten ist Ziel von Millionen Touristen, die Fahrt dorthin ein Abenteuer auf einer steilen, kurvigen Traumstraße

## MERIAN | Reise-Service >> ab Seite 107

- **TOP EIGHT | Das sollten Sie nicht verpassen** _____ 107
- **SEHENSWERT | Botanischer Garten Kirstenbosch** _____ 108
- **KAPSTADT | Hotels, Restaurants, Szene, Museen, Sehenswertes, Shopping, Auskunft** _____ 109
- **TOWNSHIPS | Reisen in das afrikanische Kapstadt** _____ 114
- **RUND UM KAPSTADT | Urlaub auf der Peninsula** _____ 116
- **SÜDLICHE KÜSTENREGION | Der grüne Streifen** _____ 118
- **NORDEN UND OSTEN | Halbwüsten und Burenland** _____ 120

Schroffe Felsen und gefährliche Strömung: Die Passage ums Kap kostete das Leben vieler Seefahrer. Der portugiesische König Johann II. gab ihm dennoch den Namen „Kap der Guten Hoffnung", weil mit ihm endlich der Seeweg nach Indien entdeckt war

### SEITE 30
## AUFGETAFELT

Ein Lichtermeer zwischen Tafelberg und Ozean – so präsentiert sich Kapstadt in der Dämmerung. Die Metropole in schönster Lage ist Boomtown und Freizeitparadies für Europäer. Aber in der Stadt wachsen auch die Townships und damit das Heer derer, die auf ein besseres Leben hoffen

### SEITE 62
## ERBLÜHT

Fynbos – die artenreichste Flora der Welt (hier eine leuchtende Protea) gedeiht nur am Kap

### SEITE 70
## BUNTE WELT

Der District Six war ein Stück New Orleans in Kapstadt. Dann kam die Apartheid und mit ihr der Abriss. Erinnerungen an das bunte Viertel in Schwarzweiß

### SEITE 86
## EIN GARTENWEG AM OZEAN

Energie tanken auf der schönsten Strecke Südafrikas: Ein Abstecher von der Garden Route führt zum endlosen Strand von Nature's Valley

*Hinweis: Die großen Lettern (z. B. E 4) in den Texten ab S. 14 verweisen auf die Planquadrate der MERIAN-Karte auf S. 123*

---

| | |
|---|---|
| **STADTTOUR** \| Zu Fuß durch die City ___ 122 | **SERVICE** \| Infos und Tipps, Sicherheitsregeln ___ 127 |
| **MERIAN-KARTE** ___ 123 | **DIE RESIDENZ DER POLITIKER** \| Groote Schuur ___ 129 |
| **GESCHICHTE** \| Gejagt und vertrieben: Die Urbevölkerung der Khoikhoi und San ___ 126 | **VORSCHAU** ___ 130 |
| | **IMPRESSUM, BILDNACHWEIS** ___ 106 |

# SKIZZEN

### PROFIT MIT PFLANZEN
## Grünes Gold

Wer darf die Heilkräfte der Pflanzen vermarkten? Um diese Frage gibt es Streit am Kap. Immer öfter durchstreifen so genannte Prospektoren die Gegend auf der Suche nach botanischer Beute für die Pharmaindustrie. Wie gewinnträchtig die halb legale Sammelei sein kann, zeigt das Beispiel der Sukkulentenart *Hoodia gordonii*: Die San kauen deren fleischige Blätter, die das Hungergefühl stillen. Ein südafrikanisches Institut isolierte den Wirkstoff und verkaufte die Lizenz an eine britische Pharmafirma. Die San, deren Wissen unerlaubt vermarktet wurde, protestierten. Mit kleinem Erfolg: Sobald die Schlankheitspille im Handel ist, muss ihnen das Institut sechs Prozent der Lizenzerlöse zahlen.

*Natürlicher Reichtum: Die Ureinwohner nutzen die Wildnis seit Menschengedenken als Medizinschrank*

1969  1984  1992  2000

MERIAN hat auch in Zeiten der Apartheid über Südafrika berichtet. Die neue Ausgabe ist die erste, die sich ausschließlich der Kapregion widmet

### FREIES TAUCHEN
## Der Hai-Flüsterer

Michael Rutzen ist Haitaucher, geht ins Wasser ohne jeden Schutz. Er weiß: Menschen stehen eigentlich nicht auf dem Speiseplan des Räubers. Er meint: Die Feindschaft zwischen Mensch und Hai basiere auf falscher Körpersprache. Seit Jahren wagt sich der Tauchprofi ins offene Meer zum Weißen Hai, *Carcharodon carcharias*. Lebenswichtig für ihn sind klares Wasser und aufrechte Köperhaltung – sonst, so Rutzen, erkenne der Hai nicht den Unterschied zu seinem Leibgericht Robbe. Sein Revier liegt vor Dyer Island, der Heimat von 50 000 Robben – und allerlei Haiarten. Vor laienhafter Nachahmung sei gewarnt: Laut Statistik gibt es pro Jahr zwei Haiattacken am Kap.

### NATIONALFLAGGE
## Vielfarbige Einheit

Seit den ersten freien Wahlen 1994 hat Südafrika eine neue Fahne: orangerot, weiß, blau sind die Oranierfarben, schwarz, grün, gold die des ANC. Die V-Form symbolisiert die Verschmelzung aller. Manche sehen die Farben auch konkreter: Rot für das Blut der Befreiungskriege, Grün für Land, Blau für Ozeane, Gold für Reichtum und Schwarz wie Weiß für die Bevölkerung.

**better*Fly***

**Europa hin und zurück.**
**ab 99 €***

Darüber spricht ganz Deutschland:
gemeinsam Europa entdecken.
Rückflug und Meilen inklusive.
Alles für diesen Moment.

122 Europa-Ziele direkt und
günstig ab Deutschland erreichen.
**www.lufthansa.com**

There's no better way to fly.

**Lufthansa**

A STAR ALLIANCE MEMBER

Preis gilt für Direktflüge (Hin- und Rückflug) von Deutschland zu ausgewählten Zielen in Europa inkl. Steuern, Gebühren und 10 € Lufthansa Ticket Service Charge bei Buchung eines elektronischen Tickets (etix®) unter
w.lufthansa.com. Preisabweichungen möglich bei Buchung im Lufthansa Call Center unter 0180 583 84 26 (12 Cent/Min.) und bei Ausstellung eines Papiertickets. Änderungen vorbehalten. Bitte beachten Sie das begrenzte
platzangebot. Weitere günstige Flüge nach Europa finden Sie unter **www.lufthansa.com**

## SKIZZEN

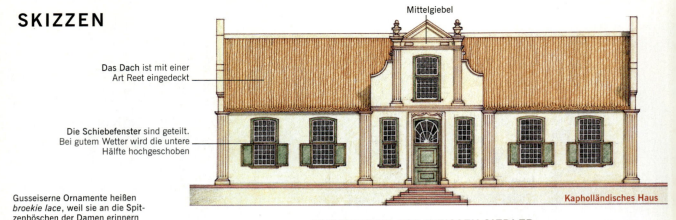

Mittelgiebel

Das Dach ist mit einer Art Reet eingedeckt

Die Schiebefenster sind geteilt. Bei gutem Wetter wird die untere Hälfte hochgeschoben

**Kapholländisches Haus**

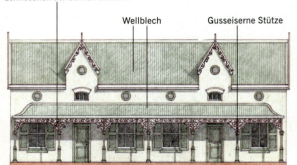

Gusseiserne Ornamente heißen *broekie lace*, weil sie an die Spitzenhöschen der Damen erinnern

Wellblech    Gusseiserne Stütze

**Kapviktorianisches Haus**

### ARCHITEKTUR DER WEISSEN SIEDLER
## Im Stil der **alten Heimat**

*Die Häuser der Einwanderer waren praktisch und dem Klima angepasst, ihr Aussehen aber entsprach der Mode der Herkunftsländer:* **Der kapholländische Stil** *vereinigt Einflüsse aus Holland, Flandern, Deutschland. Unterschiede zeigen sich in der Form des prächtigen Mittelgiebels.* **Der kapviktorianische Stil**, *englisch beeinflusst, ist im Grundriss genau so einfach, die Veranden aber sind mit Eisenzierrat versehen und die Dächer aus Wellblech – was für zu viel Hitze im Sommer und Kälte im Winter sorgt. Die Strohdächer sind klimafreundlich, aber feuergefährlich – weshalb Kapstadt 1704 per Gesetz zur Nichtraucherstadt erklärt wurde.*

### KLIPPSCHLIEFER  Bonsai**elefant**

Auf dem Tafelberg und in den Cederbergen flitzen sie über die Felsen – kaninchengroße Klippschliefer, die Murmeltieren ähneln und zu den Fasthuftieren zählen. Bemerkenswert sind vor allem ihre Zähne: Die Schneidezähne des Oberkiefers gleichen denen der Nagetiere und wachsen ständig nach. An diesen winzigen Hauern erkennen Biologen die erstaunliche Verwandtschaft der Klippschliefer zu Elefanten und Seekühen.

### BLUMENSPRACHE Alte Rosen **zu neuen Weinen**

Seit gut zehn Jahren macht südafrikanischer Wein weltweit Karriere. Wo am Kap früher billige Massenweine zur Brandyherstellung gekeltert wurden, gedeihen heute Edeltrauben. Wetterschwankungen sind am Kap seltener als etwa im Bordelais. Dennoch kommt es immer wieder zu Hitzewellen, außerdem befällt Mehltau die Pflanzen, was – wie zuletzt 2002 – zu Ertragsausfällen führt. Um Pilzbefall früh zu erkennen, werden traditionell Rosen neben die Reben gepflanzt, da diese früher auf Schädlinge reagieren. Mittlerweile dienen sie vor allem als bunte Farbtupfer im Grün der Weinberge: Das Pilzbefallpotenzial wird meist per Computer errechnet.

Rosenrot neben grünen Reben: Weinberge bei Franschhoek

# SKIZZEN

## AFRO-DESIGN
## Heiße Drähte

*Imbenge – so heißen die ursprünglich aus Gras hergestellten Flechtarbeiten der Zulu. Statt mit Gras wird heute mit buntem Telefondraht gearbeitet. Die Schalen und Körbe sind klassische Post-Apartheid-Produkte und mit ihrer Vielfalt an Farben und Mustern oft von hoher Kreativität und Ästhetik. Besonders schöne Objekte bieten die Galerien von Kalk Bay in der Church Street, Long Street und Main Road.*

### STRAUSSEN-GESCHÄFT Kein Weichei

Sie sind ein Bestseller: ausgeblasen, *en nature* oder von der Kunstgewerbebranche zu allerlei Broschen, Windlichtern, Lampen verarbeitet. Mit und ohne Deko-Bohrung. Letztere ist übrigens harte Arbeit. Die im Durchmesser rund 15 Zentimeter großen Straußeneier besitzen eine knapp zwei Millimeter dicke Schale. So stabil, dass ein Erwachsener bedenkenlos darauf stehen kann. Manche Farmen strapazieren den Strauß allerdings über Gebühr und verdienen ihr Geld mit einer tierquälerischen Show: Sie lassen Touristen als Jockeys auf dem Vogel reiten. So viel Last hat das dünnknöchrige Tier nicht verdient!

### JEDE MENGE ACTION ExtremSport

Der Guinness-Rekord ist ihnen sicher. Über 70 Surfer ritten im September 2006 gemeinsam auf einer einzigen Welle. 349 Sportler – weit mehr als erwartet – waren an den Strand von Muizenberg gekommen, um an dem Rekordversuch teilzunehmen – kein Wunder in einer Region, wo die Menschen in der Mittagspause mal schnell surfen gehen. Die Gegend am Kap ist berühmt für allerlei **Outdoor Aktivitäten** abseitiger Art: **Abseiling** kann man sich noch erklären, aber **Kloofing**? Dieser Sport, dem Canyoning verwandt, ist eine Art Triathlon des Schluchtenquerens: schwimmen, klettern, springen. **Sandboarder** gleiten über die Dünen und **Canopy** lässt sich als Fallschirmspringen mit doppeltem Boden beschreiben. Angeboten wird es im Tsitsikamma National Park: Man flitzt an einem Stahlkabel hängend über die Schlucht. Infos zu Extremsportarten am Kap bietet das Buch „Dirty Boots – Over 100 Adventures", gratis zu bestellen unter **www.dirtyboots.co.za**.

---

### Zahlenspiel

**27**
Jahre verbrachte Nelson Mandela im Gefängnis, 18 davon auf Robben Island

**216**
Meter in die Tiefe geht es beim Bungee-Jump von der Bloukrans-Brücke an der Garden Route

**300**
verschiedene Routen führen auf den Tafelberg – mindestens!

**460**
Weinkellereien gibt es in der Kapregion

**1000**
Gänseblümchenarten gehören zur Fynbos-Vegetation am Kap

**1086**
Meter hoch ist der Tafelberg

**19 000**
Pinguine wurden nach der Ölkatastrophe vor Kapstadt im Juni 2000 mit Hilfe von Zahnbürsten gereinigt und so gerettet

**8 000 000**
Tonnen Güter werden jährlich in Kapstadts Hafen umgeschlagen

**7 300 000**
Touristen besuchen pro Jahr die Kapregion

Oper oder Rock. Zeitgenössische oder klassische Kunst. Gastronomie oder Golf. Business oder Turismo Rural. Welche Welt auch immer die Ihre ist, erleben Sie diese in Madrid. Denn nur die Region Madrid bietet Ihnen ein derart vielfältiges Angebot, um eine schöne Zeit zu verbringen und jene Dinge zu genießen, die Sie wirklich mögen. Kommen Sie nach Madrid. Und erleben Sie Ihre Welt.

KULTUR
FREIZEIT
TURISMO RURAL
SHOPPING
GASTRONOMIE
BUSINESS

# Der Himmel
## Madrid, Ihre Welt.
# Die Erde

Turismo Madrid
Comunidad de Madrid
www.turismomadrid.es

Cámara Madrid
www.descubremadrid.com

Die Luftlinie ist de
Dank 195 kV

**S heißt Sport.**
**Der neue Audi S3 mit 2.0 TFSI®-Motor.**

Neue Kraft entsteht. Aus dem Zusammenspiel eines 2,0-Liter-TFSI-Motors und des permanenten Allradantriebs quattro. So beschleunigen die 195 kW (265 PS) den neuen Audi S3 in nur 5,7 Sekunden von 0 auf 100 km/h. Zudem ermöglicht die Kombination aus quattro und S Sportfahrwerk, dass Kurven noch besser und dynamischer gefahren werden können. Schließlich ist die Ideallinie die größere Herausforderung als die Luftlinie.

Demnächst bei Ihrem Audi Partner.

Der Blick vom Vorort Bloubergstrand gen Süden über den Atlantik ist der schönste auf den Tafelberg. Oft sieht es von hier aus, als umgebe ihn ein blauer Dunstschleier – daher hat der Ort seinen Namen

Afrikas südlichster Zipfel verbindet Weltstadt und Wüste, Wildnis und Weinkultur. Die Schönheit am Kap ist naturgegeben und wird gekrönt vom unvergesslichen Dreiklang aus steinernem Giganten, glitzerndem Meer und einer strahlenden Metropole

# DAS HAPPY END DES

# KONTINENTS

Farbenfroh und pittoresk: Kapstadts Bo-Kaap-Viertel an den Hängen des Signal Hill ist das Zentrum der islamischen Gemeinde. Nach der Abschaffung der Sklaverei 1833 hat sich hier eine geschlossene Gesellschaft etabliert

## HÄUSER, BUNT WIE BONBON

NATUR

Überleben auf den mageren Böden der Halbwüste: Der Köcherbaum, *Aloe dichotoma*, erhielt seinen Namen 1685 vom Gouverneur der Kapregion, Simon van der Stel. Der hatte beobachtet, dass die Buschmänner dessen Äste aushöhlten und sie als Köcher für ihre Pfeile verwendeten

# WIE AUS DEM DESIGNSTUDIO

EIN LAND WIE EINE GANZE WELT

Junge Talente, alte Traditionen: Bei der Cape Schools Cricket Week in Rondebosch, dem Uni-viertel Kapstadts, finden die wichtigsten Kricket-Auswahlspiele des Landes statt (links). Südafrikas Winzernachwuchs studiert in herrschaftlichem Ambiente am Department für Weinbau der Universität von Stellenbosch (unten)

Spektakuläre Felsformation in Leuchtfarbe: Der Wolfberg Arch gehört zu dem mächtigen, etwa 50 Kilometer langen Massiv der Cederberge im Norden der Kapregion. Eine fast abstrakte Landschaft und ein ideales Wanderrevier – das aber Kondition erfordert. Sieben Stunden führt der Weg steil hinauf zum Wolfberg-Bogen

LANDSCHAFTEN WIE AUF

EINEM ANDEREN PLANETEN

Entspannen am Wasser: Wo das Gleiten der Wellen sich mit Jazz aus dem Café Mannenbergs und Gläserklingen vermischt, herrscht neue Leichtigkeit im alten Hafen. An Kapstadts neu angelegter Victoria & Alfred-Waterfront treffen sich Geschäftsleute, Touristen, Nachtschwärmer und alle, die in den Tag hinein leben

M EWIGEN URLAUB

# OH, MOTHER CITY
## EINE UMARMUNG
### für die Mutterstadt Südafrikas. Die Metropole am Kap ist das schönste Tor zum Verständnis des neuen Landes

Text: Sven Lager

**G**ötter wohnen hier oben, Wolkenfetzen hängen an ihren Schultern. Das ist mein erster Eindruck, als ich das Plateau durch den engen, moosbewachsenen Platteklip Gorge von Westen her erreiche. Es ist ein sonniger Tag Ende März im afrikanischen Herbst. Blau glüht der Fels im Licht. Mein Herz schlägt schnell, vom Aufstieg und der Nähe zum Himmel.

Dunst liegt über den Schiffen und den spinnenbeinigen Kais des kilometerlangen Hafens. Unter mir die City Bowl, die rechtwinkligen Linien der Altstadt, die getragen wird von den Flanken des Tafelbergs und dem Lion's Rump, dem Körper des Löwen. Die Berge bilden zusammen ein L, in dessen Öffnung die Stadt aufs Meer sieht. Unscharf die steilen Straßen, die zwischen den flachen, bunten Häusern des Kapmalaienviertels nach oben steigen.

Der Aufstieg auf den Tafelberg ist prosaisch. In langen Reihen glänzen die Autos, ein Parkwächter winkt. Er kommt aus dem Kongo. Oder Togo. Liberia? Manchmal ist es sogar ein Zulu oder Xhosa von hier, ein Homeboy. „Sharp, sharp" rufen wir uns zu, heben die Daumen, dann steige ich die ersten Felsstufen hoch. Vor mir schnaufende Mütter, unwillige Kinder, forsche Väter, unternehmungslustige Studentengruppen, Rentner mit Wanderstöcken. Und ehemalige Präsidenten.

„Was dit Frederik de Klerk, Mariaan?" fragt der hagere Bure im Karohemd seine Frau. „Ja, ja, die ou man het wragtag die berg geklim" – „der alte Mann hat tatsächlich den Berg erklommen", antwortet sie, blauer Lidschatten über den roten Wangen. Afrikaans klingt lustig. Die beiden lachen. Der frühere Präsident Frederik de Klerk, der mit Nelson Mandela nach 1990 die Apartheid abschaffte, er hat noch Saft, Donnerwetter! Wir nicken uns zu. Er ist deutscher und schottischer, sie holländischer und polnischer Abstammung. Nein, sie sprechen kein Deutsch, leider. Eine Großmutter sprach noch Jiddisch. Sie heißen Kurzewski.

Keine Minute später tausche ich mit einem kapmalaiischen Hünen Telefonnummern. Falls ich mal windsurfen will. Wie wir darauf gekommen sind? Wind, Kap, Sonne. Jesus ist der Weg, sagt er und zeigt auf den steilen Pfad vor uns. Seine goldene Uhr funkelt wie ein Versprechen.

Die erste halbe Stunde des Aufstiegs spenden die Zweige kleinerer Bäume Schatten. Sandfarben, rot und ocker der Fels, fröhlich das Gemisch vieler Sprachen. Es verebbt langsam, der Atem geht schneller, steil steht die Bergwand vor uns.

Es ist schwer, sich die Stadt am Kap vorzustellen, wie sie war, als Jan van Riebeeck im 17. Jahrhundert mit den ersten Siedlern kam, um Gemüse und Wein anzubauen für die skorbutgeplagten Flotten der Handelsschiffe. Ihr Ziel war das Reich der Gewürze, Holländisch-Batavia und Indien.

150 Jahre vor ihnen waren die Portugiesen gekommen und hatten wieder abgedreht. Zu stürmisch die See. Das Kap tauften sie *Cabo tormentoso*, stürmisches Kap. Wären sie an einem Tag wie heute gekommen, Kapstadt hieße Rio de África, Kaffee und Oliven würden am Tafelberg wachsen. Stattdessen dann die Holländer, Kalvinisten und Gehorsame eines Gottes, der Fleiß belohnt, Sparsamkeit wie Handel. Da hieß das Kap längst nach der „Guten Hoffnung", das südliche Ende der Welt war umrundet, noch bevor Kolumbus Indien im Westen suchte.

**A**uf halber Höhe zum Schlund frischer Wind. Kaum Vegetation. Nur der allgegenwärtige feinblättrige Fynbos, Erika und bunte Proteen, die von den lustigen alten Weibern an der Adderley Street verkauft werden. In der Bucht unten stehen die Tanker still auf dem gleißenden, friedlichen Atlantik. Der Eindruck täuscht. Von Mandelas Kampfgefährten hat es keiner geschafft, die zwölf Kilometer von Robben Island zu schwimmen. Weiter unten säumen Wracks aller Nationen die tückischen Felsen. Hier weht die erste Kälte aus dem Schlund herunter. Oben die weißen Wolkenbüsche, die sich nicht lösen wollen.

Die Millionenstadt und den Ozean zu Füßen, die Gipfel von Lion's Head (l.) und Devil's Peak (r.) im Blick: Vom Plateau des Tafelbergs aus bietet sich ein einzigartiger Blick auf die Kapregion

„Meeresberg" nannten die Ureinwohner den Tafelberg, lange bevor die ersten Schiffe kamen. Der Name beschreibt die Magie des Massivs, das unter der sizilianisch heißen Sonne Wolken aus dem Dunst des Meeres gebiert.

**F**ür die Jäger, die Khoikhoi und San, war der Abend ein Fest – wenn die Sonne am Horizont erlegt wurde, war das Abendrot ihre blutige Schulter. Aber die Kultur der „Hottentotten" und „Buschleute" ist ausgestorben, nur ihre Physiognomie verewigt in den hohen Wangenknochen Mandelas und der Coloureds, der Farbigen, deren Heimat Kaapstad ist und das umliegende Weskaap, das Western Cape.

Die europäischen Siedler und Seeleute waren grob. Sie stahlen den widerspenstigen Buschleuten das Vieh, nahmen ihnen ihre Frauen. Dann holten sie sich Sklaven aus Madagaskar, Indien, Malaysia, Indonesien. Ließen Gärten anlegen, pflanzten Weinreben und zeugten Kinder.

Dawid Malan war ein Ehrenmann hugenottischer Abstammung und einflussreicher Herr über das Gut Vergelegen, zu einer Zeit, als man im Ballsaal des Kapstädter Kastells Menuett tanzte. In einer kalten Augustnacht des Jahres 1788 brannte er mit der dunklen Sklavin Sara durch und floh ins wilde Hinterland. Jahre später kam er zurück, mit verwildertem Herzen und als Anführer leseunkundiger Buren, die sich gegen die herrschenden Engländer auflehnten. Sie rebellierten für das Recht, jeden auszumerzen, der nicht weiß war – Buschmänner, Xhosa, Sklaven und deren Nachkommen, wie sie Dawid Malan selbst hinterlassen hatte. Das war die Rache an seiner Geliebten und deren Kindern, an einer fröhlichen Kolonie mit bunten Nachkommen.

Rechterhand unter mir liegt Woodstock. Engwinklige Straßen zwischen den Docks und dem Berg. Das Viertel war einst wie der benachbarte und dann zerstörte District Six Heimat des Jazz. Kap-Jazz, wie ihn Abdullah Ibrahim weltberühmt machte. Heimat der Gangster in Anzügen, die stolz ihre amerikanischen Brüder imitierten, und des Coon Karnevals, der bis heute der Stadt nach Neujahr die durchgeknallte Freude von New Orleans verleiht.

Woodstock liegt keine fünf Minuten entfernt vom damals noblen Zentrum mit seinen Art-déco-Theatern und säulenbewehrten Banken. Kinder spielen im heruntergekommenen Herzen des Stadtteils, der berüchtigten Gympie Street. Sie lauschen dem Sonntagsprediger auf einer Matratze, tätowierte Möchtegerngangster jagen sich auf Fahrrädern zwischen moslemischen Männern mit weißen Kaftanen und Kappen. Von den niedrigen Häusern mit kapmalaiischem Dachschwung blättert die Farbe.

**H**ier kauften sich die Kinder der Liberalen in den siebziger und achtziger Jahren ihr *dagga*, das Gras für ihre Joints, und lernten die verbotene Welt vor ihrer Haustür kennen. Jetzt sind sie wieder da. Sie modernisieren, vertreiben die Alten, nicht nur in Woodstock. Ständiger Wandel, ständige Reibung. Wenn sich einer der Jetsetter, der sich in die pittoreske Nachbarschaft des kapmalaiischen Viertels am Lion's Rump gequetscht hat, über den Lärm der Muezzins beschwert, wird der Singsang aus den Megaphonen noch inbrünstiger. Und lauter.

Ein Ölplattform steht beim Duncan Dock, ein Ozeanriese wird gebaut, von hier oben nur einen Finger breit von der Gympie Street entfernt. Ich sehe den Schwung der Autobahn, die sich um Devil's Peak windet, sich spaltet und dann abrupt endet im schmalen Inneren der Altstadt. Keine 15 Minuten zu Fuß braucht man, um sie zu durchqueren, von der Bree über die Long zur Adderley Street bis zum Bahnhof. Aber jede Minute eine Welt für sich. Buren und Afrikaner in winzigen Autowerkstätten, Masken und Ndebele-Perlenketten in kleinen Shops, Tagediebe in den Cafés, als wären sie in Berlin-Mitte, eine alte Engländerin mit surrealem Hut, die in Company's Gardens zwischen den Palmen Eichhörnchen füttert, eine Inderin mit rotem Punkt, die ins Türkische Bad geht, stolze Kongolesen in eng taillierten Lederjacken, ein Mädchen wie von Rembrandt gemalt hinter der Theke eines Gewürzladens mit endloser Curryauswahl, Kinder in Gummistiefeln, die für Touristen den wilden Tanz der schwarzen Mineure aufführen.

Ich liebe Hafenstädte. Schiffe, Segel, Fisch, den Geruch von Teer, Diesel, Algen und Arbeit. Sogar in der Victoria & Alfred Waterfront riecht es danach, am Fußende der Altstadt, zwischen Shoppingmalls und Museen. *Alfredi ändeh Victorayasi Waterfronteh!*, wie Mike sie im Xhosa-Slang auf der Hafenrundfahrt nennt. Pinguine tauchen auf, Robben kratzen sich. Der dicke Bootsführer Conrad lacht und schweigt. Wieder ein sonniger Tag ohne Wind.

Weiter nach oben, endlose Serpentinen führen zum Platteklip Gorge nach oben. Das Plateau bleibt in magischer Entfernung. Der Devil's Peak nebenan trotzt wie ein Ausrufezeichen den Stürmen, der Tafelberg hingegen liegt flach wie ein Gedankenstrich. Man sieht ihn, von Osten kommend, am Flughafen vorbei, entlang der Bretterhütten der Townships. Man sieht ihn vom Meer, aus dem Westen kommend. Wind und Wetter haben sich in ihm verewigt. Mit den großartigsten Sandsteinhöhlen der Welt.

**Ich setze mich neben eine Gruppe schwarzer Studenten. Sie picknicken mit Blick auf Bloubergstrand, Richtung Namibia.** Sie studieren in Johannesburg. Was? Geologie. Aha. Und Paläontologie, Kunde fossiler Reste. Wow. Johannesburg ist eine Minenstadt, rau, flach, gewachsen durch die Hoffnung der Einwanderer aus dem armen Norden, die ins Land der Diamanten, der Kohle, des Platins und des Goldes gezogen sind.

So lieblich dagegen ist Kapstadt, "so sweet", sagt einer. Ja, Schönheit ist schwer zu beschreiben. Sie steigen zum ersten Mal auf den Berg. Sie schwitzen, lachen. Sie kennen die symmetrischen Hügel der Abraumhalden in Johannesburg. Irgendwie erinnert sie der Tafelberg daran.

Wie weit noch, frage ich einen Mann mit Kind auf der Schulter. Noch eine Stunde, sagt er. Das Kind schläft. Wir sehen auf die glitzernde Gondel, die die Faulen in wenigen Minuten nach oben bringt.

Die Studenten teilen ihre Chips mit mir. „Gibt es schöne Strände in Deutschland?" fragen sie. „Schon, ja", lache ich und zeige auf Camps Bay. Dort weht einem deutsches Geschnatter aus den Cafés entgegen. Die Felsen um die sandige Bucht sind fast zu schön. Wie Hollywoodkulissen.

Wie oft wird diese Stadt beschrieben, das bunte Gemisch der Menschen, die ihre Seele sind, das Nebeneinander der Kulturen. Und wie oft ihre Schönheit in der Abwechslung der Landschaften – von den Gärten Kirstenboschs zu den Stränden der Peninsula bis zu den wilden Klippen des Kaps. Als ich vor vier Jahren das erste Mal auf den Tafelberg sah, war die Luft warm und süß, tropisch und doch mediterran. Man konnte sie riechen, die Möglichkeiten. Die Luft war elektrisiert vom Aufbruch, würzig vor Hoffnung. Während der Apartheid wurde aus Kapstadt eine Ruine. Auch wenn viele Bewohner der Umsiedlung widerstanden, war der Exodus nicht aufzuhalten. Kapstadt wurde ein riesiges Konglomerat aus reichen und armen Vororten. Die Freudlosigkeit der Buren machte die City zur Geisterstadt.

Danach kam Berlin. Es ist interessant, dass der Fall der Mauer den letzten Ruck gab zur Freilassung Mandelas und

Befreiung Südafrikas. Heute ist Kapstadt jung. Backpacker-Hippies, Computerfreaks und Musiker bevölkern die koloniale Long Street, Schwarzafrikaner den Greenmarket und den Markt am Bahnhof. Künstler kommen, Investoren, deutsche Werbefilmer. Das Licht ist phänomenal, das Meer und die Berge atemberaubend. Die engen Straßen am Chapman's Peak sind ideale Kulisse für jede Autoreklame – bieten unfassbare Aussichten, vor allem bergab. Man kann nicht gleichzeitig gucken und fahren.

**D**as vornehme Hout Bay war vor hundert Jahren noch ein Ort zum Holzfällen; dort, wo sich jetzt die Townships mit Millionen Bewohnern ausbreiten, lagen mückenverseuchte Sümpfe. Kapstadt war nur halb so groß wie heute. Die Stadt endete vor der Aufschüttung an der Waterkant, wo heute Bürotürme aufragen. Noch vor dem Zweiten Weltkrieg kauften die Bauern das Land um die Kapspitze für wenig Geld: mageres Weideland voller Antilopen, Paviane, Strauße. Heute ist es heiliger Nationalpark, die Touristen halten darin Ausschau nach Großwild, aus der Entfernung wird ein Springbock schon mal zum Löwen. Und in ihren Köpfen spukt die Mär, dass sich am Kap die Ozeane vermischen, indisch grün und atlantisch blau. Einheimische üben mit ihren Töchtern am Strand surfen, während die Paviane die Taschen der Badenden plündern auf der Suche nach *boerewors*, der würzigen Bratwurst.

Ich bin im Schatten des Platteklip Gorge angelangt. Die letzten Stufen sind leicht, die Wände nah den Schultern, dann erreiche ich das Plateau. So habe ich mir den Olymp als Kind vorgestellt. Ringsum die Welt, die sichtbare. Gibt es mehr? Größer und weiter habe ich das Meer nie gesehen.

Was ich hier liebe? Es ist das Rauhe und Freundliche. Härte und Sanftheit nebeneinander.

Ich habe vergessen, wer jener kluge griechische Philosoph auf Wanderschaft war. Fragte ihn ein Reisender, wie die Stadt sei, aus der er gerade komme, entschied er nach dessen Gesicht: War es fröhlich, voller Erwartung, beschrieb er ihm die Schönheit und Wunder. War es griesgrämig und misstrauisch, warnte er vor ihren Gefahren. Als ich im Stau durch die Townships die Stadt verlasse, geht ein Mann von Auto zu Auto, sein Gesicht verwittert. Fordernd klopft er an die Scheiben. Die Frau vor mir drückt ängstlich die Knöpfe runter. Was er verkaufe, frage ich. „Witze für einen Rand, Mann!" lacht er und reicht mir ein Blatt, „Eins-a-Witze!" □

**Sven Lager**, *Schriftsteller, lebt in Berlin und Hermanus. Zusammen mit Elke Naters hat er Erzählungen und Romane herausgegeben.*

**MERIAN|TIPPS** Zu Fuß auf den Tafelberg

Bequem durch **KIRSTENBOSCH BOTANICAL GARDENS** über **SKELETON GORGE** auf der Ostseite den Tafelberg hinauf und wieder herunter (3-5 Std.). Oder in der Stadt den Schildern zum **CABLE CAR** folgen, 1,5 Kilometer nach der Station weiterfahren, von dort steil hoch zum **PLATTEKLIP GORGE** (1-3 Std.). Unbedingt immer mitnehmen: gutes Schuhwerk, Hut, Handy. Nie allein und nie bei schlechtem Wetter starten! Auch die Seilbahn fährt dann nicht.
Seilbahn und Wandern: www.tablemountain.net
Touren in und um Kapstadt: www.hikecapetown.co.za
Buchtipp: Mike Lundy, „Easy Walks in the Cape Peninsula"

Grandiose Lage: Kapstadt am Fuß des Tafelbergs hat etwa eine Million Einwohner. Offiziell wohnen im Großraum Kapstadt knapp drei Millionen Menschen – die meisten Schwarzen noch immer in Townships hinter dem Berg

## KAPSTADT
# AFRIKA LEUCHTET

Dieser Stadt muss man sich nähern wie einer Geliebten: Lächle sie an, dann lacht sie zurück. Alle Widersprüche und Vorurteile lässt sie vergessen. Sie zeigt Temperament und Vielfalt, verwöhnt mit Szene-Glamour und edelster Küche. Sie kostet Energie – und macht glücklich. Welcome, Welkom, Wamkelekile

Text: Elke Naters, Fotos: Gerald Hänel

**VIEL PLATZ ZUM ENTSPANNEN**
# PARKS, CLUBS UND PANORAMA

Pause in Company's Gardens: Wo schon 1650 Gemüse und Obst angebaut wurde, lockt heute eine Großstadtoase, gesäumt von wichtigen Institutionen wie der Großen Synagaoge

Das Nachtleben hat Metropolen-Niveau: Club „Roosevelt" in der Innenstadt

Der Beat ist überall: Kapstadt ist die Stadt der Livemusik. Die Clubs sind legendär, die Straßenmusiker leidenschaftlich

Der Duft der weiten Welt: Die alten Kaianlagen wurden 1990 zur Amüsier- und Shoppingmeile umgewandelt. Heute ist die Waterfront der Touristenmagnet Nummer eins

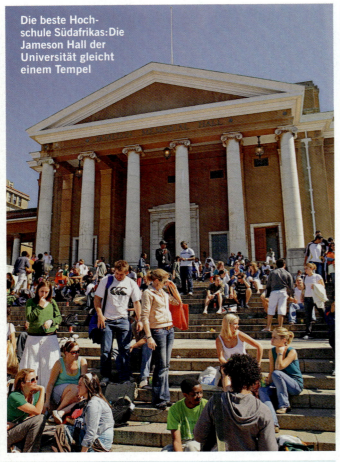

Die beste Hochschule Südafrikas: Die Jameson Hall der Universität gleicht einem Tempel

Im Aufwind: In Bloubergstrand nördlich von Kapstadt haben sich die Kitesurfer etabliert

Garantiert ohne Lawinengefahr: Die schneeweißen Dünenberge bei Atlantis, einem Vorort am nördlichen Stadtrand, sind die Alpen der Sandboarder

Nervenkitzel für Laien: Wer im Two Oceans Aquarium Haie hautnah erleben will, muss nicht tauchen gelernt haben

**SÜDAFRIKAS RIVIERA**
# GEIST, SPORT UND GELD

Die Villen unterhalb der Bergkette der Zwölf Apostel gehören zu Camps Bay – dem Viertel der sehr Reichen und Schönen

Die zwei Kilometer lange Long Street ist Kapstadts Szenemeile, hier sieht und zeigt man sich – zum Beispiel im Café „Lola's"

Stell dir vor: eine Stadt voller Leben. Am Meer. In den Bergen. Mit einem Blick über die halbe Welt. Farben, Licht, Musik, bunte Menschen. Kultur, Natur, Lärm, Stille. Alles an einem Ort zur gleichen Zeit. Gibt es nicht, muss erst noch erfunden werden! Irrtum. Ist alles schon da: in Kapstadt!

Es gibt keine schönere Stadt, keine wildere, keine, die so viele Widersprüche in sich vereint. Jeder, der aus Kapstadt kommt, erzählt eine andere Geschichte. Hüte dich, diese Stadt schlecht gelaunt und voller Vorurteile zu besuchen! Behandele sie wie eine Geliebte! Lächle sie an, dann lacht sie zurück! Und ertrage geduldig ihre Launen, wenn der Southeastern an deinen Haaren und Nerven zerrt!

Wo nur anfangen? Am besten an der Ostküste vor der Stadt. In Muizenberg, wo die Sonne aufgeht, das Meer lockt. Der kleine Küstenvorort ist eine charmante Mischung aus Malerisch und Runtergekommen. Aus Surfshops, Backpackerhotels, Cafés. Hier an der False Bay ist der Himmel blitzblau, rollen die perfekten Anfängerwellen sanft an den Strand – wer hier das Surfen nicht lernt, lernt es nirgendwo.

Eigentlich wollte ich mich nur umsehen, aber die Leute vom „Surfshack" überreden mich zu einer Stunde. Sie kamen vor zehn Jahren hierher, weil die Industrieluft im Hinterland ihre Kinder krank gemacht hatte. Sie eröffneten den Shop und eine Surfschule für Mädchen, als ihre Tochter zu surfen begann – das einzige Mädchen in den Wellen. Inzwischen ist sie 16, reist um die halbe Welt zu Wettbewerben. „Aber", mahnt die Mutter, „nur, wenn die Schule nicht darunter leidet!" Die Tochter hockt hinter dem Tresen am Computer und stöhnt über den Hausaufgaben: Shakespeare, „Romeo und Julia"; wer braucht das schon?

Die Surfschule bietet inzwischen ein Jedermannprogramm, vor allem für Familien. Aus dem Wasser kommt gerade eine Gruppe gut gelaunter Hausfrauen um die 40, die ihre erste Stunde hatten. Eine Geburtstagsparty. Was die können, kann ich auch!

Wetsuit gegen kaltes Wasser und Surfboard kann man leihen. Mein Surflehrer Dave gibt eine kurze Sicherheitseinweisung, pflichtgemäß warnt er vor Haien: Hier sind die „Great Whites" zu Hause, sie haben sogar Namen – einer heißt *Submarine*. Menschenfleisch steht üblicherweise nicht auf ihrem Speiseplan, auch wenn man letztes Jahr von einer alten Dame, die zu weit hinausgeschwommen war, nur noch die Badekappe fand. Dave beruhigt mich: Oben in den Bergen sitze ein Mann mit Ferngläsern. Sieht er einen Hai, bedient er eine Sirene, und es bleibt genug Zeit, um ans Ufer zu kommen.

Dave zeigt mir am Strand, wie ich aufs Brett aufspringen muss, wie ich die Hände schützend über den Kopf lege, sobald ich vom Board falle. Dann geht es ins Wasser. Ich paddele aufs Meer hinaus, bringe mich in Position, warte auf die Welle. Plötzlich ruft Dave: „paddelpaddelpaddelpaddel!!", und ich spüre, wie die Welle mich erfasst, mich anschiebt. Ich versuche, auf die Beine zu kommen, schaffe es nur auf die Knie, aber das ist mir egal. Auf allen Vieren gleite ich über das Wasser und schreie vor Glück.

Surfen ist großartig. Und brutal anstrengend. Im Surfshop warten eine warme Dusche und eine heiße Schokolade, der Atlantik ist auch in der heißen Jahreszeit grundsätzlich eiskalt. Wem das Wellensurfen nicht genügt, der kann windsurfen in Misty Cliffs

## EXOTISCH FEIERN
NOVEMBER 2006 – FEBRUAR 2007

**CHRISTMAS IN THE TROPICS**
11. November 2006 – 2. Januar 2007

Tauchen Sie in ein Meer von Weihnachtslichtern – auf unseren Shoppingmeilen Orchard Road und Marina Bay. In dieser stimmungsvollen Atmosphäre werden schon Ihre Weihnachtseinkäufe zu einem unvergesslich bezaubernden Erlebnis. Kommen Sie in den Genuss exotischer Festtage. Kommen Sie nach Singapur.

**CHINESE NEW YEAR**
18. und 19. Februar 2007

Lassen Sie sich am Ufer des Singapore Rivers von unserem spektakulären Feuerwerk faszinieren. Erleben Sie die Magie eines traditionell chinesischen Neujahrsumzuges, mit all seinen farbenprächtigen Kostümen, Darbietungen und Klängen.

**CHINGAY PARADE OF DREAMS**
23. und 24. Februar 2007

Asiens größte Parade erwartet Sie. Denn nirgendwo wird Multikultur größer geschrieben als bei uns. Ob Tanz und Musik in den Straßen oder auf atemberaubend dekorierten Umzugswagen – tausend Darsteller haben nur eines im Sinn: Ihren Traum von Singapur wahr werden zu lassen.

Man sagt zwar einladen.
Aber wir wollen Sie dreiladen.
Erleben Sie unsere Festivals.

UNIQUELY Singapore
visitsingapore.com

ern Sie mit uns schon ab 777,– €. Attraktive Angebote unter www.uniquely-singapore.com
suchen Sie Singapur und seine Infosite: www.visitsingapore.com

bei Scarborough oder kitesurfen an der Westküste, wo der Wind mit 100 Stundenkilometern bläst: Das Formel-1-Revier der Surfer nennen sie es. Auch sonst gibt es reichlich Möglichkeiten für einen Endorphinkick. Rund um Kapstadt kann man sich austoben, das Angebot reicht von A wie *Abseiling* (am Seil vom Tafelberg herunter) bis W wie *Wakeboarding* (Snowboarding auf Sanddünen).

Glücklich und hungrig fahre ich wenige Kilometer weiter nach Kalk Bay, dorthin, wo sich Kapstadts Boheme vom Stadtleben erholt. Die hübschen kleinen Häuser wurden vor über hundert Jahren steil an den Berg gebaut. Lazy afternoon – am Hafen esse ich Fischtatar, sehe den Anglern zu, wie sie nichts fangen. Ein Fotograf kommt mit drei schwarzen Models und einem Haufen weißer Assistentinnen, die an deren Kleidern rumzupfen. Die Mädels stellen sich auf dem Pier in Pose. Im Hintergrund nimmt eine Frau in geblümter Schürze einen Fisch aus. Schwarze Jungs spielen auf einer selbst gebauten Gitarre aus Brettern und Schnüren und singen schräge Songs. Einer der Sänger trägt seine Kleider verkehrt herum: die Bomberjacke mit dem orangefarbenen Futter nach außen und die nach links gekehrten Taschen hängen aus der Jeans – *African street style*.

Weiter zu Konrad nach Green Point, im Herzen von Kapstadt, einem typischen Einwanderer: Er, Filmemacher aus Berlin, ist seit fünf Jahren mit der Südafrikanerin Lydia verheiratet. Sie arbeitet als freie Journalistin. Konrad hat seinen Job bei Lufthansa gekündigt, dort saß er mit anderen Deutschen – „überqualifizierte Aussteiger aus allen Berufen, wirklich interessante Leute" – in einem engen Büro, kontrollierte am Bildschirm die Gewichtsverteilung im Gepäckraum deutscher Flugzeuge. Gab er in Kapstadt sein Okay, konnte die Maschine in Frankfurt starten.

Konrad hat wie viele Kapstädter den Beruf gewechselt. Zurzeit arbeitet er an seiner neuen Karriere: Konrads wahre Leidenschaft sind Käsekuchen – er ist auf der Suche nach der perfekten Torte und froh, wenn jemand kommt, um zu probieren. So sitzen wir in der großen Küche des viktorianischen Hauses und suchen nach einer Idee, wie er seinen Kuchen vermarkten könnte.

Konrads Jobwechsel hat politische Gründe: Durch die Quotenregelung werden seit Ende der Apartheid Schwarze und *Coloureds* bei qualifizierten Jobs bevorzugt. Viele junge Weiße wandern deshalb nach England, Kanada, Australien aus. Die einzige Möglichkeit, hier bleiben zu können – also Geld zu verdienen –, ist ein eigenes Business. Konrads Schwiegereltern wollen den beiden ein Haus in Europa kaufen, denn wie viele weiße Kapstädter vom alten Schlag sehen sie keine Zukunft für ihre Kinder in Südafrika. Konrad und Lydia sind da anderer Meinung: Nichts auf der Welt wird sie aus Kapstadt wegbringen!

Sally ruft an, wir verabreden uns im „Vida e caffeé" auf der Kloof Street im Stadtteil Tamboerskloof. Noch vor drei Jahren waren die Straßen hier nachts menschenleer, allenfalls bevölkert von finsteren Gestalten. Jetzt sind die Straßencafes und Bars des Viertels am Samstagabend voller Menschen: schöne, junge, reiche Schwarze in teuren Autos, weiße Surfer in Flipflops mit sonnengebleichten Dreadlocks, eine Gruppe moslemischer Mädchen schnattert am Nebentisch. Hier zeigt sich das stolze schwarze Afrika und ein nicht minder verzagtes weißes, das keine Berührungsängste mehr kennt.

Sally ist 27, hat ein abgeschlossenes Wirtschaftsstudium hinter sich. Sie spricht drei Sprachen, betreibt mit einer Freundin eine Cateringfirma, hat einen Winzer geheiratet: all das macht sie in Südafrika heute

Abhängen im Herzen der Stadt: Die schönsten Ruheräume der vielen Hostels auf der Long Street sind ihre Holzbalkone

ES SIND DIE UNBERÜHRTEN LANDSCHAFTEN, DIE TAUSENDJÄHRIGEN TRADITIONEN, DÜFTE, GESCHMÄCKER UND GEFÜHLE, DIE DIESE REGION EINZIGARTIG AUF DER WELT MACHEN. ALL DIESE DINGE FINDEN SIE IN EINEM GLAS CHIANTI.

CONSORZIO VINO CHIANTI

AM TISCH ENTDECKT MAN DIE SCHÖNSTEN HÜGEL DER TOSKANA.

zur Prinzessin. Und so sieht sie auch aus in ihrem Kleid von „Sun Goddess": *Afro-urban aesthetic* wird die Mode der südafrikanischen Designer genannt. Städtisches Design, inspiriert von traditionellen Gewändern der Zulu, San, Xhosa.

Sally kommt gerade von einer Hochzeit. Ausnahmsweise hat sie dort nicht gekocht, sondern gegessen. Sally kocht für VIPs und Kapstadts Oberschicht. Für den alten Geldadel in Constantia, bei dem die Zeit stehengeblieben zu sein scheint: in prächtigen Kolonialvillen für dürre ältliche Ladys, die ihr nicht in die Augen sehen und sie behandeln wie deren Vorfahren vor hundert Jahren ihre Bediensteten.

Oder sie wird engagiert von den Neureichen in Clifton und Camps Bay: Leute, die ihr Geld in den Medien, mit Immobilien verdienen, in kreativen Berufen arbeiten. „Jünger, sehr viel angenehmer. Leute mit Stil und Geschmack", sagt Sally. „Die haben begriffen, dass man Menschen egal welcher Stellung oder Hautfarbe respektiert." Sie erzählt von einem Wettkochen für Leonardo DiCaprio, der in Südafrika drehen wird und nach dem richtigen Caterer sucht. Das Namedropping-Spiel ist auch in Kapstadt hip.

Wir fahren nach Camps Bay, weil Goldfish heute abend im „Baraza" spielt. Das Duo ist angesagt, gilt als das kommende große Ding in der Elektromusik, auch wenn Camps Bay nicht unbedingt der Ort ist, an dem man nachts ausgeht. Hier treffen sich die Reichen zum Sundowner und alle, die gern das Geld oder nur die Sonne untergehen sehen wollen. Die beiden Musiker vermischen klassische Instrumental- und elektronische Musik zu einem ganz eigenen Afro-Jazz-House. Letzte Woche, als sie im „Opium" – Kapstadts größter und angesagtester Disco – spielten, tobte das Haus. Heute tanzt nur ein einsamer junger Mann zwischen den Tischen. Wir brechen auf, um einen Absacker im „Hemisphere" zu trinken, einer Bar im 31. Stock des ABSA-Bankgebäudes. Der Dresscode ist streng: „No Jeans, no T-Shirts". Und der Blick durch die Panoramfenster auf das nächtliche Kapstadt ist atemberaubend.

Unten auf der Erde unterhält sich der Parkwächter mit einem Tänzchen auf der leeren Straße. „Have a beautiful night, ladies!" ruft er uns nach. ◻

*Elke Naters, Schriftstellerin der Generation Golf, lebt in Berlin und Hermanus bei Kapstadt. Ihr letztes Buch „Justyna" erschien bei Kiepenheuer & Witsch.*

---

**MERIAN | TIPP** Romantische Plätze für Sundowner

**Wenn in Kapstadt der Tag zur Nacht wird, ist Zeit für einen Sundowner. MERIAN stellt die schönsten Orte für einen Drink bei Sonnenuntergang vor.**
Für eines der traumhaftesten Plätzchen der ganzen Halbinsel geht es auf dem **Chapman's Peak Drive** (siehe S. 44) südlich von Hout Bay. Hier gibt es Parkbuchten, von denen aus man die gesamte Bucht und den Ort überblicken kann. Mit dem markant geformten Berg Sentinel an der Nordseite der Bay und den Lichtern am Hafen fühlt man sich ein bisschen wie auf einem Pazifikatoll.
Bei Vollmond klettern die Kapstädter abends gern auf den **Lion's Head** und stoßen auf den Sonnenuntergang an. Hat man sich – leicht beschwipst – später am Spiegelbild des Mondes im Meer satt gesehen, geht es mit vorsichtigen Schritten wieder an den Abstieg. Wem nicht nach einer Nachtwanderung ist, der kann eine ähnliche Aussicht auch vom kleineren **Signal Hill** haben, auf den man bequem mit dem Auto fahren kann.
Noch grandioser ist der Blick vom **Gipfel des Tafelbergs:** Der gegenüberliegende Lion's Head leuchtet rostrot, die Atlantikwellen wirken wie eingefroren, und unten in Camps Bay flackern die ersten Lichter auf. Verpassen Sie nicht die Cable Car nach unten, die letzte fährt zuweilen schon um 18 Uhr (Mai-Sept.; Dez./Jan. um 22 Uhr), bei schlechtem Wetter gar nicht! Romantisch wird es am **Strand von Clifton:** Man nehme einen Picknickkorb, ein paar Flaschen Wein, Teelichte und suche sich seine Lieblingsbucht (vier stehen zur Auswahl). Wein trinken am Strand ist genau genommen nicht erlaubt, aber solch unmenschliches Gesetz ist am Kap nicht durchsetzbar. Weiter südlich in **Camps Bay** lässt man den Tag gediegen in einer Bar mit Blick auf den Strand ausklingen, nippt am Cocktail und schmiedet Pläne für den Rest der Nacht. Wer es exklusiv mag und gerne mit Champagner anstößt, sollte eine Sunset Cruise buchen. Das Segelboot legt an der Waterfront ab und bietet elegante Partystimmung.
Tel. (021) 418 58 06
www.waterfrontboats.co.za
Sie wollen Berg und Abendsonne sehen, aber auf sicherem Festland bleiben? Kein Problem: Ob am **Sunset Beach**, am **Strand von Milnerton** oder weiter draußen in **Bloubergstrand** – hier haben Sie den Postkartenblick auf Kapstadt.

Green Point, die grasgrüne Seeseite der City: ideales Terrain für den Feierabend-Drink

>> Für den Sundowner in der City – die Long Street, Kapstadts Szenemeile mit eigener Website: www.longstreet.co.za

# Der Zille ihr Milieu

Man kann mit einer Wohnung Menschen töten wie mit einer Axt, sagte Heinrich Zille. Seine Urgroßnichte Helen sieht das genauso und kämpft für die Armen in ihrer Stadt. Ein Besuch bei Kapstadts Bürgermeisterin

Text: Susanne Bittorf

Der Blick ist atemberaubend. Links die eckige Festung, die an die Gründer Kapstadts erinnert. Schräg gegenüber das alte Rathaus der Stadt, auf dessen Balkon Nelson Mandela nach seiner Freilassung im Februar 1990 seine erste Rede hielt. Dann die Banken und Handelshäuser aus der Zeit des Art déco, das Parlament, das Gartenhaus des Präsidenten, schließlich die viktorianischen Häuser mit ihren gusseisernen Veranden, die sich den Hang hinauf ziehen. Und hinter allem thront der Tafelberg, das Wahrzeichen der Millionen-Metropole: Als hätte man der Frau Bürgermeisterin eine nette Fototapete ins Büro geklebt.

Wenn die Aussicht aus allen Fenstern so prächtig wäre, dann hätte Helen Zille wenig Probleme. Aber die Stadt wächst von Tag zu Tag, immer mehr Menschen kommen hierher auf der Suche nach einem Job und in der Hoffnung, dass sich die Regierung um sie kümmern werde. Die Siedlungen der Schwarzen, die so genannten Townships an den Rändern der Stadt – Überbleibsel der alten Rassentrennungspolitik – platzen aus allen Nähten. Hier gibt es inzwischen Strom und Wasser, täglich werden neue Häuser gebaut, aber gleichzeitig wachsen unkontrolliert Wellblechhütten und Bretterbuden aus dem Boden. Also ein aussichtsloser Kampf?

Gerade kommt Helen Zille aus einer zermürbenden Ausschuss-Sitzung. Es ging um Oceanview – das klingt nach Villenvorort am Meer, ist aber eine Ansammlung armseliger Häuschen und Wohnsilos, von denen aus man das Meer allenfalls erahnen kann. Es gibt schlimmere Siedlungen – deshalb ziehen auch hierher Menschen. Das Problem: Die Stadt besitzt Grundstücke in Oceanview, müsste dringend neue Wohnungen bauen. Aber schon seit Jahren wird das Problem hin- und hergeschoben.

Es gibt Auflagen und andere Hürden, einen Wust von Bürokratie, dem sich die Stadträte bisher schulterzuckend ausgeliefert sahen. Die Bürgermeisterin Helen Zille aber drängelt, fragt nach, fordert Lösungen. Man spürt ihre Ungeduld, sieht das Schwert, mit dem sie sich aus den Fesseln der vielen Wenn und Aber befreien will. Wenn Mrs. Zille etwas nicht leiden kann, dann ist es lähmende Verwaltungslethargie. „Das Frustrierendste, was ich bisher erlebt habe", tobt sie nach der zähen Sitzung. „Wenn ich die Dinge nicht vorantreibe, verläuft die Sache im Sand."

Andere hingegen sehen riesige Fortschritte: Der Wohnungsausschuss beispielsweise tagt nicht mehr hinter verschlossenen Türen. Die Bewohner aus Oceanview hatten eine Delegation geschickt, damit nicht über ihre Köpfe hinweg entschieden wird.

„Die Stadt arbeitet für Sie", lautet der Slogan der Stadtverwaltung, und Helen Zille meint es ernst. Gläsernes Rathaus, öffentliche Sitzungen, transparente Strukturen – das waren ihre ersten Ziele, als sie 2006 in das hässliche Betongebäude aus der Apartheid-Ära einzog. Und nun saß bei dieser endlosen Debatte über die Wohnungsnot in Oceanview der dunkelhäutige Rastamann neben einer blonden Stadträtin, eine Obdachlose neben dem zuständigen Finanzverwalter. Typisch Helen Zille: Die Verwaltungsbürokraten in ihren klimatisierten Büros sollen den Menschen in die Augen blicken, über die sie entscheiden!

Heinrich Zille hätte seine wahre Freude gehabt. Sein Milieu und das von Helen Zille haben durchaus Gemeinsamkeiten. Dort das Berliner Proletariat, hier die arme Bevölkerung von Kapstadt, dazwischen liegen drei Generationen und ein Kontinent. Die 55-jährige Tochter deutscher Einwanderer ist mit dem berühmten Berliner Karikaturisten verwandt. Er ist ihr Urgroßonkel. „Man kann mit einer Wohnung einen Menschen genauso töten wie mit einer Axt", lautete einer seiner Kommentare über die tristen, oft dunklen und feuchten Mietskasernen des späten 19. Jahrhunderts, in denen die Berliner Arbeiter hausten.

Heinrich Zille war der Rembrandt ihrer Hinterhöfe, hat ihr Leben mit Zuneigung, Witz und Ironie porträtiert. Viel hat man in ihrer Familie von dem berühmten Verwandten erzählt, dem Anwalt der Entrechteten. „Er hat mich immer inspiriert", gibt Kapstadts Bürgermeisterin offen zu. Und dann erzählt sie von ihren Eltern und ihrer deutschen Erziehung. Vater Zille aus Berlin und die Mutter aus einer jüdischen Familie in Essen, sie flohen aus Nazi-Deutschland und landeten auf Umwegen 1948 in Südafrika. Tochter Helen wuchs bescheiden auf, ging in eine einfache Grundschule. Und engagierte sich bald mit aller Kraft im aufreibenden Kampf gegen das menschenverachtende Apartheid-Regime.

42 MERIAN www.merian.de

Eine Frau mit Kampfgeist: Helen Zille streitet sich gern und hält ihr Fähnlein nur selten in den Wind

Sie war unter anderem Mitglied in der *Black-Sash*-Bewegung, einer Frauengruppe, die sich für den Wirtschaftsboykott gegen das rassistische Südafrika stark machte. Sie begann als Journalistin zu arbeiten, schrieb für die renommierte liberale Zeitung *Rand Daily Mail* und machte sich einen Namen mit ihren Nachforschungen zum Tod des schwarzen Freiheitskämpfers Steve Biko, dessen Geschichte mit „Cry Freedom" verfilmt wurde: Die junge Reporterin konnte nachweisen, dass der 30-jährige Biko nicht, wie behauptet, im Gefängnis gestorben war, sondern von der Sicherheitspolizei brutal zu Tode gefoltert wurde.

Februar 1990. Nach über 27 Jahren wird das Idol der schwarzen Befreiungsbewegung, Nelson Mandela, aus dem Gefängnis entlassen. Vier Jahre später finden die ersten freien Wahlen statt: Der größte Tag im Leben der meisten Südafrikaner, ein Wunder auch für Helen Zille – mehr als 20 Jahre hatte sie dafür gekämpft.

Aber auch ein Tag, an dem ihr Mann das Staunen lernt. Der Soziologieprofessor an der Universität von Kapstadt, Johann Maree, stimmt für Nelson Mandela und den African National Congress (ANC). Von seiner Frau erwarten alle das Gleiche. Helen Zille aber entscheidet sich anders: Sie wählt die kleine, liberale Demokratische Partei, von der klar war, dass sie höchstens ein paar Sitze in der Opposition bekommen würde. „Für mich begann ein neuer Kampf, ich wollte eine starke, rassenübergreifende Opposition zum ANC aufbauen", erklärt die überzeugte Liberale, die mit den marxistisch angehauchten Genossen Befreiungskämpfern ihre Probleme hatte. „Unsere junge Demokratie ist bedroht, wenn der ANC zu viel Macht bekommt. Macht korrumpiert, und absolute Macht korrumpiert absolut. Überall auf der Welt."

Sie unterstützt die Opposition, wird Mitglied der Democratic Party, die bei den Kommunalwahlen in Kapstadt gewinnt und macht erstmals politische Karriere als Bildungsministerin in der Provinzregierung. Sie hasst Schlamperei und Schlendrian, besucht über 500 Schulen, steht dort am Eingang und wartet auf Lehrer, die zu spät zum Unterricht kommen.

Das sei ihre deutsche Geisteshaltung, in der auch Werte wie Verbindlichkeit und Ordnung eine Rolle spielten. Mehr Selbstverantwortung verlangt sie deshalb immer wieder von den Südafrikanern, eine Eigenschaft, die durch die Demütigungen des autoritären Rassenstaats verloren ging. Die Furchtlose, die nicht nur Englisch und einigermaßen Deutsch, sondern auch fließend Xhosa, eine der Hauptsprachen der Schwarzen, spricht, liebt ihr Land mit all seinen Widersprüchen. Oder gerade wegen seiner Widersprüche.

Jeden Tag prallt ihr Verantwortungsbewusstsein auf afrikanisches Laisser-faire. Verzweifelt ist sie deshalb nicht. Im Gegenteil: Sie scheint aufzublühen mit den riesigen Herausforderungen dieser aus allen Rassen und Religionen zusammengewürfelten Gesellschaft. „Ohne das hätte mein Leben keinen Sinn". Deshalb spielt sie weiter David gegen Goliath, auch gegen den heftigen Widerstand des ANC. Sie hat die großen Banken dazu gebracht, Millionen in die Behausungen der Armen zu investieren. Und der mächtigen Provinzregierung den Strom abgedreht, als sie ihre Rechnungen nicht bezahlte. Prompt wurden die Schulden beglichen: umgerechnet einige Millionen Euro. Damit werden aus Armenvierteln noch keine blühenden Landschaften – aber ein bisschen was verbessern kann sie schon. Schließlich heißt sie Zille.

**Susanne Bittorf** *berichtet seit vielen Jahren als Korrespondentin der* Süddeutschen Zeitung *aus Südafrika. Für dieses Heft schrieb sie auch über die jungen Winzer des Landes, s. S. 78.*

Kap der Guten Hoffnung: Die Stelle, an der die Halbinsel im Meer versinkt, ist – anders als oft behauptet – nicht der südlichste Punkt Afrikas. Aber so wildromantisch, dass man sich auch für den äußersten Südwesten begeistern kann

„Cabo Tormentoso", stürmisches Kap, nannte der Portugiese Bartolomeu Dias die Spitze, als er sie 1488 umschiffte. Heute ist sie Teil des 8000 Hektar großen Cape of Good Hope Nature Reserve

# Wilde Piste um die Küste

Es klingt wie ein Märchen: Eine steile, kurvige Traumstraße führt zu Pinguinen und Pavianen, an endlosen Stränden entlang bis zum Kap der Guten Hoffnung. Ein Ausflug um die Cape Peninsula ist mindestens einen Urlaubstag wert. Text: Franziskus Kerssenbrock, Fotos: Gerald Hänel

Mit bis zu 100 Stundenkilometern bläst der Wind bei Kommetjie über den Atlantik. Der Strand ist Revier der Profisurfer – und der Spaziergänger, die im Ort ihr Wochenendhaus haben, nur eine Autostunde von Kapstadts City entfernt

**E**s gibt jene, die ihn immer wieder befahren, und es gibt andere, die glaubhaft versichern, nie wieder die 114 Kurven des Chapman's Peak Drive nehmen zu wollen. Trotz all seiner Schönheit.

Es ist nicht die Anzahl der Kurven auf der neun Kilometer langen Strecke zwischen Hout Bay und Noordhoek. Es ist die Straße selbst – jenes schmale Asphaltband, hineingesprengt in den schroff abfallenden Felsen. Nur ein zierliches Mäuerchen grenzt die Fahrbahn gegen den Abgrund hin ab. Dahinter nichts. Außer der gewaltigen Brandung des tiefblauen Atlantiks. Das Misstrauen gegenüber dem Mäuerchen ist verständlich.

1989 durchbrach der Mercedes eines südafrikanischen Geschäftsmannes in einer Kurve diese diskrete Andeutung einer Begrenzung und stürzte hundert Meter in die Tiefe. Der Wagen prallte auf einen Felsvorsprung, der Fahrer blieb unverletzt.

Grund genug, für Mercedes Südafrika, die Situation nachzustellen und in einem Werbespot ihre unverwüstliche Autokonstruktion zu vermarkten. Prompt sandte BMW Südafrika einen Wagen seiner Marke auf den Chapman's Peak Drive, der natürlich im entscheidenden Moment auf der Fahrbahn blieb. „Wouldn't you like to drive a car that beats the bends?", fragten sie. Frei übersetzt: „Würden Sie nicht lieber ein Auto fahren, das auf der Straße bleibt?" Der Spot musste wegen vergleichender Werbung abgesetzt werden. Legendär ist er bis heute.

Im selben Jahr wurden 22 Autowracks unterhalb des Chapman's Peak Drive bei einer Säuberungsaktion mit einem Helikopter geborgen. Er hat es in sich, der Drive.

Also darf man ihn nur noch langsam befahren. Anderes bleibt einem auch nicht übrig, zumal in der Saison. Dann stauen sich Busse und Pkws auf der Strecke, die als eine der schönsten Küstenstraßen der Welt gilt. Die schönste Südafrikas ist sie ohnehin, so formvollendet in den je nach Lichteinfall und Tageszeit mal ocker, dann wieder rötlich strahlenden Berg hineingeschlagen, dass man sich unvermittelt an die Italienische Riviera erinnert fühlt. Was mit ein Grund dafür sein mag, dass deutschsprachige Reiseführer und Reiseleiter mit der Information aufwarten, die Straße sei zwischen 1915 und 1922 von italienischen Kriegsgefangenen errichtet worden.

Richtig an dieser Version ist nur die Zeitangabe. Zwar trat Italien 1915 in den Ersten Weltkrieg ein, dies aber als Verbündeter der Entente und somit Südafrikas. Und so mag die Straße in ihrer Kühnheit und Eleganz an jene italienischer Küstenabschnitte erinnern – italienischer Hände Werk ist sie nicht. Wenngleich man versucht ist, sich ein italienisches Cabrio auszuleihen, um stilgerecht die Route entlang der Atlantikküste von Kapstadt bis ans Kap der Guten Hoffnung zu absolvieren.

Es ist eine vergleichsweise junge Strecke. Die ältesten Wege führen entlang der False Bay, der ruhigeren Seite der Halbinsel. Dort, wo die Viktorianer denn auch in Muizenberg ihre Sommerfrische verbrachten, die Marine ihr sicheres Hauptquartier in Simon's Town hatte und wo von Fish Hoek und Kalk Bay aus die Fischer bequemer in See stechen konnten. Die dem Atlantik zugewandte, rauere Seite ist Wind und Wetter ungleich stärker ausgesetzt. Bis auf einige Farmen, einen bescheidenen Karrenweg sowie das Grabmal eines islamischen Heiligen bei Oudekraal gab es dort lange Zeit

Vom einstigen mondänen Strandbad Muizenberg mit seinem langgezogenen weißen Sandstrand sind die kunterbunten Badehäuschen geblieben: Umkleidekabinen, die für eine ganze Saison vermietet werden

48 MERIAN  www.merian.de

Fotogene Immigranten: Seit 1983 leben Brillenpinguine an Boulder's Beach. Niemand weiß, warum sie sich gerade hier angesiedelt haben. Touristen beobachten die 3000 geschützten Tiere mit Inbrunst, für die Menschen im nahen Simon's Town sind sie eine Plage

Ein Strand, der seinem Namen Ehre macht: Long Beach bei Noordhoek

nichts. Bis sich vor rund 100 Jahren der Geschmack änderte.

Mittlerweile gelten die schicken Vororte Clifton und Camps Bay als die Stranddestinationen der Halbinsel schlechthin. Doch wer ein Stück weiter nach Süden fährt, in Richtung Hout Bay der breit angelegten, in weiten Kurven sich dahinschlängelnden Straße unterhalb der Twelve Apostel bis zu dem kleinen, exklusiven Vorort Llandudno folgt, der bewegt sich durch eine nach wie vor kaum besiedelte Gegend. Am Kap schon eine Seltenheit.

**B**augrund ist hier rar. Und teuer. So teuer, dass Llandudno für Kapstadt als das gilt, was der Nobelvorort Grünwald für München ist. Ein wenig abgelegen, sehr exklusiv und bar jeder überflüssigen Infrastruktur. Auf keinen Fall möchte man noch mehr Besucher anlocken, die dann den pittoresken Strand bevölkern. Oder etwa den Ort durchfahren, auf dem Weg zur Sandy Bay, dem Eldorado der Nudisten.

Wer freilich nur ans Kap will, der unternimmt ohnedies keinen Abstecher in die von Security-Männern gesicherte Enklave, sondern fährt einmal noch eine Kuppe hinauf und dann hinunter durch Hout Bay, in Richtung Chapman's Peak Drive.

Der allerdings ist bisweilen gesperrt und längst nicht immer ist ein Autounfall schuld daran. Mal laufen Dreharbeiten, mal lösen sich Felsbrocken aus dem porösen Gestein und stürzen auf die Straße. Nachdem eine amerikanische Touristin auf diese Weise verunglückte, wurde die Strecke im Jahr 2000 gesperrt. Aus der Schweiz kamen Spezialisten, um Sicherungsmaßnahmen durchzuführen. Seit 2003 fährt man nun teilweise durch Galerien, die nicht ganz so pittoresk sind wie der Rest der Strecke. Und bezahlt auch noch Maut, um von Hout Bay nach Noordhoek zu gelangen.

Das flache Land dahinter ist in nichts vergleichbar mit der eben erlebten Dramatik. Doch schon nach Kommetjie führt die Straße zurück an die Küste, die wieder rauer wird und ganz und gar unvermutet nördlichen, fast sogar schottischen Charakter annimmt. Weshalb es Reisende auch nicht weiter verwundert, wenn sie in einen kleinen Ort namens Scarborough einfahren, den die Gischt des anbrandenden Ozeans in steten feinen Nebel hüllt. Hier liegt der Hot Spot der Surfer, die sich in Neoprenanzügen in die bitterkalte Brandung werfen, vom Strand aus von ein paar Spaziergängern und Pavianen beobachtet.

Letzteren muss man spätestens ab hier als Autofahrer Aufmerksamkeit schenken: Zum einen tummeln sie sich immer wieder auf der Straße in Richtung Kap, zum anderen sah sich die Verwaltung des Table Mountain National Park 2005 veranlasst, einige Picknickplätze innerhalb des Reservats zu schließen. Wiederholt hatten Affenhorden die Plätze gestürmt, die Besucher vertrieben und deren Essensreste verdrückt.

Dabei zahlt es sich gerade im Reservat aus, den Wagen stehen zu lassen. Für einen Spaziergang oder eine Wanderung durch mannshohen Fynbos (siehe auch Seite 62), vorbei an Proteen und hin zu kleinen Buchten und Lagunen. Oder durch Menschenmassen hindurch, die zum Leuchtturm am Cape Point drängen – und die im dortigen Restaurant dann und wann flinken Übergriffen hungriger Paviane ausgesetzt sind.

Dass hier nun das von Seefahrern gefürchtete Kap der Guten Hoffnung liegt, begreift man als Besucher nicht so recht. Sicher, es ragt 300 Meter hoch und spitz in die See hinein, man kann Felsen und Riffe sehen, immer stürmt und windet es. Die eigentliche, unsichtbare Gefahr aber sind die starken Strömungen, die – zusammen mit den Stürmen – die Schiffe noch heute in Seenot bringen können. Ursprünglich nannten es die Portugiesen denn auch Kap der Stürme, bis in Lissabon der Hoffnung auf gute Geschäfte mit Indien und dem Fernen Osten wegen das Kap flugs in jenes der Guten Hoffnung benannt wurde.

**W**er an einem nebel- und regenverhangenen Tag einen Abstecher hierher macht, versteht sofort, weshalb sich Sagen und Legenden um die Landzunge spinnen. Das Tosen des Atlantiks, die jagenden Wolken, die wieder und wieder auftauchenden Bergspitzen – das ist die perfekte Kulisse für den Auftritt eines Gespensterschiffs. An solchen Tagen, heißt es, sei das Läuten einer alten Schiffsglocke zu hören. Ein Omen für kommendes Unheil. Aber wer fährt schon an solchen Tagen ans Kap.

Lässt man die Spitze hinter sich, ist alles anders. Friedlich, lieblich und zahm gibt sich die Küste zur False Bay hin, die die Halbinsel im Osten begrenzt. Ihr Name rührt von einem Irrtum, dem viele Seefahrer auf dem Rückweg von Indien verfielen, weil sie meinten, hier schon das Kap umsegelt und die Table Bay vor sich zu haben.

Die Gewässer der False Bay sind ruhiger und wärmer. Ihre Strände weitläufiger, ihre Ortschaften reich an Geschichte und Geschichten. So wie Simon's Town, ein museal anmutendes, viktorianisch geprägtes Städtchen, das über Jahrhunderte der Marine als Hauptquartier diente. Dann und wann kann man ein paar Kriegsschiffe sehen, die meisten Besucher aber kommen nur wegen der afrikanischen Pinguine am Boulder's Beach: Die einzige Pinguinkolonie in unmittelbarer Nähe einer

Stilecht: Im Cabrio über den neun Kilometer langen Chapman's Peak Drive

Millionenstadt steht unter Naturschutz. Weswegen man die Tieren auch nur von hölzernen Stegen und Plattformen aus beim Watscheln, Brüten und Schwimmen betrachten darf. Ganz wie im Zoo. Nur mit einem Hauch von Freiheit.

Von nun an reiht sich Ortschaft an Ortschaft. Auf das Urlaubsparadies für Familien, Fish Hoek, folgt Kalk Bay mit seinem Hafen, auf dessen Pieren und Kais zur Mittagszeit die heimkehrenden Fischer ihren Fang verkaufen. Schließlich gelangt man nach Muizenberg, einst die gefragteste Sommerfrische der britischen Kapkolonie. Alles, was Rang und Namen hatte, wollte hier fernab der rauen Winde in gepflegter Atmosphäre Urlaub machen. Bis heute prägen einige Prachtbauten aus den Jahren um 1900 das Ortsbild. Die italienisch anmutende Residenz, in der heute das Natale Labia Museum untergebracht ist, das Anwesen Rust en Vrede, von Sir Herbert Baker im Neo-Kapholländischen Stil errichtet – und Cecil John Rhodes Sommercottage. Beliebt ist Muizenberg nach wie vor. Vor allem dank seiner „weißen Strände", die Rudyard Kipling schwärmerisch beschrieb, und der bunt leuchtenden Badehütten in St. James wegen, die eines der bekanntesten Postkartenmotive der Kaphalbinsel sind. Die großen Tage freilich sind vorbei, und es ist, als könnte man die leise Wehmut des Ortes spüren, von den neuen Emporkömmlingen Clifton und Camps Bay ausgestochen worden zu sein.

Tatsächlich droht auf der unteren Straße der Blick für die ruhige Schönheit der False Bay verloren zu gehen. Weswegen sich eine Alternative anbietet. Der höher gelegene, weniger befahrene Boyes Drive, auf den man bereits in Kalk Bay abbiegt, führt parallel zur Küste nach Steenberg und bietet ein Aussicht bis nach Betty's Bay.

Bleibt nur die Frage, welches der beste Weg zurück nach Kapstadt ist. Schnell und simpel geht es auf der M3, ein bisschen mehr Zeit kostet die Route auf der M42 durch die noblen Viertel Tokai und Constantia. Oder man wählt die Strecke über den Ou Kaapse Weg durch das Silvermine Nature Reserve zurück nach Noordhoek. Um dann noch einmal, in Gegenrichtung, den Chapman's Peak Drive zu bewältigen. Diesmal kann der Beifahrer den Nervenkitzel dicht am Abgrund spüren, wenn vor seinen Augen die Abendsonne im Meer versinkt. □

**Franziskus Kerssenbrock**, *freier Autor in Wien, hat seit 1993 immer wieder ausgedehnte Reisen nach Kapstadt gemacht. Seine Reportagen erschienen 2006 beim Picus Verlag, Wien.*

---

**MERIAN | TIPP** Ausflug auf die Kap-Halbinsel

**Starten Sie früh, wenn Sie nur einen Tag Zeit haben. Bei zwei Tagen übernachten Sie am besten in Muizenberg: So haben Sie auf dem Rückweg Zeit für die exzellenten Restaurants und Weine im Tal von Constantia.**

(M 3) **Hout Bay Hafen**
mit dem Mariner's Wharf ist Ausgangspunkt für Bootsfahrten zur nah gelegenen Duiker Island, wo sich im Sommer Abertausende von Seevögeln und rund 4000 Seehunde aufhalten. Interessant die „World of Birds" – Volieren mit den verschiedensten Vogelarten.

(M 3) **Chapman's Peak Drive**
Die Strecke zwischen Hout Bay und Noordhoek ist ein Highlight Südafrikas. Am höchsten Punkt den Wagen abstellen und die Aussicht genießen! Für Reiter ein Muss: der Ausritt durch die Lagune und entlang der weiten, meist menschenleeren Long Beach. Pferdeverleih in Kommetjie auf der alten Farm „Imhoff's Gift". Dort kann man Kaffee trinken, Kunsthandwerk lokaler Künstler kaufen – und auf Kamelen reiten.

(N 4) **Simon's Town
und Boulder's Beach**
bietet auf kleiner Fläche viele interessante historische Gebäude entlang der „Historic Mile". Sehenswert ist zudem die alte Gouverneursresidenz aus dem Jahr 1777 (heute das Simon's Town Museum), das „South African Naval Museum" am West Dockyard sowie das Denkmal der Dänischen Dogge „Just Nuisnace" auf dem Jubilee Square – während des Zweiten Weltkriegs wurde dieser Hund als Mannschaftsmitglied der britischen Navy geführt. Am südlichen Küstenstreifen lebt eine inzwischen 3 000 Tiere zählende Brillenpinguin-Kolonie. Obwohl geschützt, können sie beobachtet werden. Vorsicht: Pinguine betrachten Menschen als Gegner!

(N 3) **Fish Hoek**
ist eine Rentnerhochburg und bekannt für seine langen sanften Strände und die historisch bedeutende „Peers Cave": eine 30 Meter breite und fünf Meter hohe Höhle, in der vor 15 000 Jahren Vertreter des „Fish Hoek Menschen" lebten und Malereien hinterließen.

(N 3) **Kalk Bay**
bietet zur Mittagszeit buntes Treiben am Fischerhafen, für den späten Nachmittag empfiehlt sich ein Besuch in der „Brass Bell".
Am Wochenende Live Musik.

(N 3) **Muizenberg**
Hier steht „Die Posthuys", das älteste erhaltene Wohngebäude Südafrikas von 1673. Nicht zu versäumen: der Besuch im Natale Labia Museum, einem Ableger der South African National Gallery.

Die Verortungen beziehen sich auf die MERIAN-Karte auf Seite 125.

# Evita: Superstar

Die berühmteste weiße Frau Südafrikas ist ein Mann: Hinter Evita Bezuidenhout steckt der Kabarettist Pieter-Dirk Uys. Ein Entertainer, der mit Spott und schwarzem Humor die Missstände der Politik offenlegt

**Ein Sonntag in Darling.** Aus einer farb- und schmucklosen Scheune strömen Menschen im Sonntagsstaat, sichtlich erfüllt von den Worten des Pastors, denn die Scheune ist eine Kirche. Ernst und gefasst passieren sie die pink leuchtende ehemalige Bahnstation von Darling vis-à-vis, an der eine Tafel mit den Worten „Evita se Perron" angebracht ist. Sie markiert einen Ort ungehemmten und respektlosen Wortwitzes – die Heimstatt Evita Bezuidenhouts, der berühmtesten Dragqueen Südafrikas.

Die Dame ist eine Legende – an der sie selbst geschrieben hat. Den stillgelegten Bahnhof von Darling wandelte sie in eine Kabarettbühne um, die Menschen kommen aus dem ganzen Land, um sie hier zu sehen. Mittlerweile sogar aus Darling, obwohl das Publikum der Kleinstadt Travestiekünstlern gegenüber eher skeptisch ist.

„Adapt or Dye" hieß ihr erstes Bühnenprogramm, frei übersetzt: „Pass dich an oder erbleiche!", eine Verballhornung der Aufforderung „Adapt or Die" („anpassen oder sterben") des damaligen Premiers Pieter Willem Botha. Das war zu Hochzeiten der Apartheid. Heute bedenkt sie mit Programmen wie „Foreign Aids" die Verhältnisse des neuen Südafrikas mit beißendem Spott. Wochenende für Wochenende, sonntags stets nach der Messe.

An diesem Sonntag tritt Evita nicht auf, die Vorstellung ist abgesagt. Ihr Alter Ego Pieter-Dirk Uys hat sich den Knöchel gebrochen. Sein Haus liegt nicht weit entfernt von Evitas Bühne, es ist vollgestopft mit Büchern, Magazinen, Trödel und Erinnerungen. Uys sitzt im Lehnstuhl. Alltag sei eingekehrt in Südafrika, sagt er. Als Nelson Mandela Präsident wurde, habe Hochstimmung in jeder Beziehung geherrscht. Die sei inzwischen verflogen, die Politiker straucheln, bekommen die drängenden Probleme nicht in den Griff. Schwarzseher malen sich bereits simbabwische Zustände aus, wenn die Landreform nicht endlich in die Gänge kommt, wenn der sich vertiefende Graben zwischen Arm und Reich nicht endlich überbrückt wird. „Das ist", sagt Uys, „eine neue Apartheid. Die Reichen leben, die Armen sterben. Vor allem an Aids. Wenn hier nicht bald substanziell gegengesteuert wird, kann die blutige Revolution, die uns 1994 erspart blieb, im Jahr 2010 ausbrechen." Da könne vielleicht und bestenfalls die zurzeit erfolglose südafrikanische Fußballnationalmannschaft das Schlimmste abwehren, Uys lächelt verschmitzt: „Sie muss die Weltmeisterschaft gewinnen."

Steht es so schlimm um den Staat am Kap? „Aber woher denn", protestiert Uys. Wer glaubt, früher sei alles besser gewesen, der lüge. „Ich bin glücklich mit dem neuen Südafrika." Es sei wie in Deutschland. War nicht die Wiedervereinigung ein großes Fest gewesen? Jetzt sagten ihm seine deutschen Freunde, es ginge ihnen gut, aber… „Wie bei uns. Es geht uns gut, aber… Wir sind ein ganz normales Land geworden. Mit einer normalen Regierung. Mit normalen Problemen. Irgendwann muss die Zeit des Feierns vorüber sein."

Obwohl, überlegt Uys, die Sache mit der sich schleppend ziehenden Landreform, da könne er sich schon vorstellen, dass die Idee der Farmbesetzungen eigentlich von Südafrikas Präsident Thabo Mbeki kam: „Und dann sagt er zu Robert Mugabe: ‚Bobby, ich habe eine Idee. Weshalb probierst du sie nicht erstmal in Simbabwe aus?'"

# mit Biss und schönen Beinen

**Text: Franziskus Kerssenbrock**

Aber das ist schon wieder der Part Evitas, die scheinbar stets im Zentrum der Macht steht. Ihr Debüt hatte Evita Bezuidenhout – oder Tannie Evita – in einer Zeitungskolumne in den 70er Jahren. Bissig und als hätte sie Zutritt zu den innersten Zirkeln burischer Macht, gab sie damals die *National Party* der Lächerlichkeit preis. In den frühen 80ern betrat sie erstmals die Bühne, mit Glanz und Glitter, mit respektlosen Aussagen – und den schönsten Beinen Südafrikas.

„Ich wurde damals von einem Polizisten auf der Straße angehalten, der drohte, ich solle aus der *National Party* keine Nazis machen, sie würden mich schon einmal erwischen. Dann hielt er inne und sagte: ‚Aber Ihre Beine, die sind wirklich wunderschön.'" Uys lacht. Das, meint er, sei die Stärke Evitas. Niemand könne sich ihr entziehen.

Kritiker halten dagegen, dass sich ihr auch niemand entziehen wollte. Tannie Evita habe nie die Grenzen überschritten. Im Gegenteil, die Politiker seien froh gewesen, dass über sie gelacht wurde. Das hätte die Machthaber menschlicher dastehen lassen.

„Ich bin Entertainer" hält Uys dagegen. Nicht mehr und nicht weniger: „Ich bin kein Satiriker." Er habe stets auf das Ende der Apartheid hingearbeitet. Und ein wenig habe er dazu beigetragen.

Und jetzt? Was kann Tannie Evita heute bewirken, wenn das große Ziel erreicht und ihr Alter Ego mit dem neuen Südafrika so glücklich ist?

Viel. Unglaublich viel, versichert Uys. Da sei die Aids-Aufklärungsarbeit in den Schulen. In fünf Jahren hat Evita eine Million Kinder besucht. Sie hören und sehen ihr zu, wenn sie den Gebrauch von Kondomen erklärt und anhand einer Banane demonstriert. Dann greift Evita zu einem lebensechten Gummipenis: „Männer und Buben haben keine Banane zwischen den Beinen. Ein Kondom auf der Banane neben eurem Bett wird euch nicht schützen." Daraufhin, sagt Uys, „brüllen die Kinder vor Lachen. Die schwarzen Lehrer aber werden ganz weiß."

Überhaupt, Aids. Da wird Uys heftig: „Präsident Thabo Mbeki und Gesundheitsministerin Manto Tshabalala-Msimang gehören vor den Internationalen Gerichtshof in Den Haag. Was in Südafrika in Sachen Aids an Nicht- und Desinformation passiert, ist ein Verbrechen gegen die Menschheit." Dass der ehemalige Vizepräsident Jacob Zuma im Zuge eines Vergewaltigungsprozesses den ungeschützten Geschlechtsverkehr mit dem Hinweis, er habe ohnehin sofort geduscht, zu relativieren suchte, findet Uys nicht zum Lachen. „Niemand hat auf die fatalen Auswirkungen hingewiesen, wenn ein Mann, der Chancen auf die Präsidentschaft hat, wegen Vergewaltigung vor Gericht steht und dann noch gegenüber Aids seine absolute Ignoranz unter Beweis stellt."

Uys sieht durchaus Parallelen zu früher, auch wenn heute „nur noch 20 Prozent" der Politiker korrupt seien. „Dieses Land braucht eine gute Opposition", sagt er. Die demokratischen Kräfte innerhalb des ANC müssten sich durchsetzen. Auch des folgenden Falls wegen: Rund 300 Millionen Rand, knapp 30 Millionen Euro, habe das Kabinett für zusätzliches Sicherheitspersonal für Präsident Mbeki und seine Berater bereitgestellt. Geld, das für andere Probleme dringend benötigt werde. „Spending money for guards for the gods", schimpft Uys. „Geld für die Wächter der Bonzen." Er stutzt kurz, notiert sich das Gesagte. „Das kann ich verwenden. Das ist gut."

1994 traf Evita Bezuidenhout zum ersten Mal Nelson Mandela. Über ihn sagte sie, die Parade-Burin, dass „Nelson uns so dankbar ist, dass wir ihm all die Zeit in Haft Winnie vom Hals gehalten haben". Uys bewundert Mandela vorbehaltlos. Der wiederum schätzt den Entertainer, schätzt Evita. Ließ sich von ihr im Amtssitz des Präsidenten in Kapstadt interviewen – Evita einmal mehr im Zentrum der Macht.

Von da an folgte Ehrung auf Ehrung. 2002 nominiert das South African Human Sciences Research Council Uys zum „lebenden nationalen Schatz"; 2005 wird eine Straße nach Evita Bezuidenhout benannt.

Inzwischen eine seltene Ehre für Weiße, denn die ANC-Politik der *Affirmative Action* bevorzugt auf allen Gebieten die Schwarzen. „In den ersten sechs Jahren war dieses Regelwerk wichtig, um Ungleichheiten zu beseitigen. Inzwischen hat es zur Bildung einer kleinen, schwarzen Elite von Milliardären geführt, die ihren Reichtum und ihren Status allein ihrer schwarzen Hautfarbe verdanken. Es ist umgekehrte Apartheid."

Eine neue Form der Apartheid warfen Südafrikas Medien seit Mai 2006 auch den Initiatoren des „Native Club" vor, eines Zirkels ausschließlich schwarzer Intellektueller. Ein Fall für die weiße, burische Evita. Uys schrieb im Namen Evitas einen Brief, der in der Wochenzeitung *Mail & Guardian* veröffentlicht wurde. Die Botschaft: Evita ist im Native Club! „Das geht ganz einfach", gluckst Uys vor Vergnügen, „Evita ist in der Küche zugange. Welcher Schwarze will denn heute noch Küchenarbeiten verrichten? Keiner. Über diese Hintertüre gelangt Evita in den Club. Als einzige Weiße." Uys blickt aufregenden Zeiten entgegen. Und Evita gesteigerter Aufmerksamkeit. Nicht nur sonntags in Darling.

**DER STEINERNE ZEUGE** 800 Millionen Jahre Erdgeschichte lassen sich am Tafelberg ablesen – die imposanten Steilwände sind nur eine der jüngsten geologischen Formen. Warum ausgerechnet am Kap der Koloss aus der flachen Landschaft ragt, zeigt der spitze Lion's Head (r.): An seiner rechten Flanke treten glatt geschliffene Granitbrocken an die Oberfläche – das feste Gestein ist ein Fundament des Tafelbergs. Es konnte den mächtigen Erosionskräften widerstehen. Die Kapstädter wissen übrigens sehr genau, warum sie ihre Häuser nicht näher

an den Tafelberg bauen: Die flachen Ausläufer am Fuß der Steilwände sind nichts anderes als bewachsene Schutthalden. Mit zunehmender Höhe wird die Aussicht besser – aber auch der Steinschlag nimmt bedrohlich zu. Denn der Tafelberg befindet sich in kontinuierlicher Auflösung.

TEXT: JAN BIENER

# EIN EWIGES KOMMEN UND GEHEN
# DER TAFELBERG

**Meeresgrund, Hochgebirge, Inselkette:
Ein geologischer Rückblick auf Kapstadts Wahrzeichen**

**1 DIE RÜCKSEITE** Perspektivisch stark verkürzter Blick über den Karbonkelberg und Little Lion's Head bei Llandudno auf den Tafelberg (von Südwest nach Nordost): Sein Rücken ist stark zerklüftet, doch seine Spitze ist von allen Seiten gleich – flach.

**2 DAS TISCHTUCH** Das „Table Cloth" verhüllt den Tafelberg (Blick von Nord nach Süd) im Sommer verlässlich zum Nachmittag hin, wenn die aufsteigenden Luftmassen in der Höhe kondensieren. Auf der wärmeren Cityseite lösen sie sich wieder auf.

DEVIL'S PEAK (1000 METER)

FALSE BAY

SIGNAL HILL (350 METER)

WATERFRONT

CITYBOWL

**3 DER LÖWE** Zu Füßen des Tafelbergs (Blickrichtung von Nordwest nach Südost) liegt ein „Löwe": Sein spitzer Kopf, der Lion's Head, ragt zwischen City Bowl und Atlantik in die Höhe, der lang gestreckte Körper endet mit dem Signal Hill.

**4 DIE SEILBAHN** Per Gondel auf den Gipfel: 700 Höhenmeter in sechs Minuten. Ursprünglich sollte eine Eisenbahn auf den Tafelberg führen, dank eines norwegischen Ingenieurs befördert seit 1929 eine Seilbahn die Besucher: 800 000 pro Jahr.

# ANSICHTEN
## EINES STERBENDEN GIGANTEN

TAFELBERG (1068 METER)
KAP DER GUTEN HOFFNUNG
DIE ZWÖLF APOSTEL
LION'S HEAD (669 METER)
CLIFTON
GONDELSTATION

www.merian.de MERIAN 59

**1 Vor 800–650 Mio. Jahren**
In früher Vorzeit liegt die gesamte Kapregion unter dem Meeresspiegel. Am Grund lagern sich Schichten ab, die im Laufe der Jahre zu Quarzit werden – einem extrem widerstandsfähigem Gestein.

**2 Vor 650–500 Mio. Jahren**
Als der Urkontinent Gondwana auseinanderbricht, türmt sich ein mächtiges Gebirge am Kap auf. Magma schießt nach oben, erstarrt aber unterirdisch und wird zu Granit.

# EIN RESTBERG
## AUFGETÜRMT UND EINGEEBNET

Der Gigant ist ein kümmerlicher Rest. Das verwitterte Gerippe eines einst mächtigen Küstengebirges. Über 3000 Meter hoch soll das Massiv in früher Vorgeschichte gewesen sein – so schätzen Geologen –, heute dagegen misst der höchste Punkt gerade einmal 1086 Meter. Imposant ist der steinerne Riesenamboss trotzdem. Mehrere hundert Meter tief fallen die Steilwände nach Norden und Osten ab, bis in die Innenstadt Kapstadts und in den Botanischen Garten von Kirstenbosch; im Westen stürzen die Klippen fast senkrecht ins Meer. Bei gutem Wetter ist die Silhouette des Gipfels noch aus hundert Kilometern zu sehen. Und dennoch ist der Tafelberg ein sterbender Koloss. Im geologischen Fachterminus klingt das nicht weniger trostlos: ein „Restberg".

Nachdem die Geschichte des Tafelbergs lange ein Kommen und Gehen, ein ewiges Auftürmen und Abtragen durch Tektonik und Meeresfluten war, gibt es seit 180 Millionen Jahren nur noch einen bedeutenden Baumeister am Berg: die Erosion. Wind und Wasser nagen unaufhörlich an der Substanz. Am Sandstein, am Granit und an den anderen Gesteinen, aus denen sich Kapstadts Wahrzeichen zusammensetzt.

Der Reihe nach, geologisch betrachtet: Am Anfang war das Meer, vor 800 Millionen Jahren lag die Kapregion komplett unter Wasser. Im späten Präkambrium lagerten sich in den Tiefen des Urozeans Sedimente ab, die vom Gewicht des Wassers zu Sandstein und Tonschiefer gepresst wurden. Im Laufe der Jahrmillionen wurde daraus Quarzit – ein so genanntes metamorphes Gestein, durch Hitze und Druck umgewandelt – eines der ältesten des Planeten und zudem ein extrem robustes.

Heute steht der Tafelberg auf zwei Sockeln, auf eben jenem Quarzit und auf Granit. Die Ursache: Der Urkontinent Gondwana kam langsam in Bewegung. Zunächst drifteten die Platten in der Kapregion auseinander, dann wieder gegeneinander – Südamerika konnte von Afrika noch nicht lassen. Die abgelagerten Schichten wurden erst auseinander gezogen, dann wieder zusammengepresst. Ein Gebirge türmte sich auf. Durch die entstehenden Risse in der Erdkruste schoss Magma nach oben, erstarrte aber in riesigen Blasen, bevor es an die Oberfläche trat. Aus dem Magma wurde Granit – das oben genannte zweite Standbein des Tafelbergs. Heute ist es an vielen Stellen der Kaphalbinsel zu finden: die bei Sonnenbadern so beliebten runden Felsen am Strand von Simon's Town oder Clifton – Granit. Der Lion's Head, abgesehen von den letzten Metern unter dem Gipfel – Granit. Der Chapman's Peak Drive – gemeißelt in Granit.

Das typische Flachdach des Tafelbergs besteht jedoch weder aus Granit noch aus Quarzit. Es bekam sein Material und seine Form erst viel später und lange nach den ersten tektonischen Turbulenzen, als sich die Region wieder beruhigte. Das aufgetürmte Gebirge wurde wieder abgetragen. Dann kamen die ersten Eiszeiten und mit ihnen geriet der Meeresspiegel ins Schwanken. Mal war die Kapregion trockengelegt, dann wieder überschwemmt.

Das erkannte schon Charles Darwin, der sich vor seiner Evolutionstheorie einen Namen als Geologe machte und auf seiner Segelreise mit der „Beagle" auch am Kap anlegte. Er war nicht nur von der Pflanzenvielfalt am Tafelberg fasziniert, sondern auch von dessen Topographie. Später schrieb Darwin in einem Brief an einen befreundeten Kollegen: „Ich denke, die wahrscheinlichste aller Erklärungen ist, dass die Kaphalbinsel einst eine lange Inselgruppe war." Er sollte recht behalten. Der Meeresspiegel schwankte auch in der Kapregion extrem. In den warmen Phasen der vergangenen zwei Millionen Jahre war er 200 Meter höher als heute, in der letzten Eiszeit bis vor 10000 Jahren um 120 Meter niedriger.

Unter Wasser ging es wieder von vorne los: Auf dem Granit- und Quarzitsockel des späteren Tafelbergs lagerten sich während der Überschwemmungsphasen Sandschichten ab. Diesmal wurde Sandstein daraus, der heutige Gipfel. Dann geschah das Entscheidende: In einer Wärmeperiode, befreit von der Last des Eises, hob sich die gesamte Region um etwa 1000 Meter. Was sich mittlerweile wieder unten am Meeresgrund horizontal abgelagert hatte, wurde in die Höhe gehoben – ganz ohne tektonische Verwerfungen. Der Gipfel des Bergs blieb flach.

Dass der Tafelberg seitdem der Kraft des Meeres standhielt, hat er seinem Fundament zu verdanken. Granit und Quarzit trotzen der Erosion, überall sonst leisteten die zwischeneiszeitlichen Ozeane ganze Arbeit. Die Küsten des Western Cape wurden eingeebnet, nur Tafelberg und Cederberge ragen

**3 Vor 500-400 Mio. Jahren**
Als die Erdplatten wieder ruhen, wird das aufgetürmte Gebirge erneut abgetragen. Durch die Einebnung werden Granit und Quarzit freigelegt: Sie bilden heute das Fundament des Massivs.

**4 Vor 450-200 Mio. Jahren**
Starke Meeresspiegelschwankungen lassen die Kapregion wieder im Wasser versinken. Sandstein lagert sich horizontal am Meeresgrund ab – das Hauptmaterial des Tafelbergs.

**5 Seit 180 Mio. Jahren**
Befreit vom Eismantel hebt sich die Kapregion um mehrere hundert Meter. Gleichzeitig ist der Sandstein starker Erosion ausgesetzt. Der Tafelberg bleibt als letzter Zeuge stehen.

als letzte Zeugen eines mächtigen Höhenzugs empor. Der Tafelberg ist also kein Unikat – die im Schnitt fast 1000 Meter höheren Cederberge sind geologisch gesehen seine großen Geschwister.

Rinnen, Spalten und Risse zeugen im Gipfelbereich davon, dass der Prozess längst noch nicht abgeschlossen ist. Die Zwölf Apostel, Devil's Peak und Lion's Head sind schon jetzt Ruinen. Einst gehörten sie zu dem viel breiteren Tafelbergmassiv. Wind und Wetter haben sie so lange bearbeitet, dass sie heute losgelöst vom Rest des Bergs stehen. Der Lion's Head wird das nächste prominente Opfer der Erosion: In ein paar zehntausend Jahren wird von dem spitzen Gipfel nur der sanft abgerundete Granithügel seines Sockels übrig bleiben. Gerechnet in geologischen Zeitdimensionen wird der gesamte Tafelberg innerhalb eines Wimpernschlags eingeebnet sein. In menschlichen Maßen bleibt bis dahin aber noch unendlich viel Zeit.

*Jan Biener, ist freier Redakteur bei MERIAN und als Geograph interessiert an der Entstehung von Bergen.*

# 2 Stunden Zeitung lesen in 20 Minuten

Wissen, was wichtig wird.

WWW.FTD.DE

**FINANCIAL TIMES DEUTSCHLAND**

Kostenloses Probe-Abo unter 01802/818283 (0,06 € pro Anruf) oder www.ftd.de/probeabo

1 *Aloe succotrina*, die Fynbos-Aloe, kann bis zu 1,50 Meter hoch werden. Die Staude wächst meist in Gruppen und braucht mageren Boden 2 *Protea cynaroides*, die Königsprotea, ist Südafrikas Nationalblume und mit ihrer bis zu 30 Zentimeter großen Blüte die auffälligste der 115 Proteen 3 Mit dem grasähnlichen *Thamnochortus* werden Dächer gedeckt – vergleichbar dem norddeutschen Reet 4 Die große Gruppe der Heidekrautgewächse umfasst im Fynbos etwa 3000 Arten, die meisten ähneln dem europäischen Heidekraut 5 Die leuchtend gelbe Protea, *Leucospermum prostratum*, erreicht eine Größe von bis zu drei Metern

Am Kap gedeiht auf kleinstem Raum die artenreichste Flora der Welt: Der Fynbos, der „zarte Wald", ist ein sensibles Biotop voller Geheimnisse und Kuriositäten

Text: Paula Almqvist

# Das Königreich der Pflanzen

Botaniker aus aller Welt kriegen feuchte Augen vor Entdeckerglück. Den 500 000 Gartentouristen aber, die pro Jahr die Vegetation der Kapregion bewundern wollen, verschlägt es oft erst mal die Sprache: Das soll ein Weltwunder sein? Dieser räudige Rasen? Diese verbrannte Erde, windgepeitscht, voller ledrigem, trockenem Grün und versengten Pflanzenskeletten? Dennoch, die oft so karg wirkenden Böden bilden ein Biotop der Superlative! 8600 Spezies, davon 5800 endemische Arten, wachsen hier. Zum Vergleich: Die Britischen Inseln sind dreieinhalb mal so groß, haben aber nur 1500 Pflanzenarten, und davon sind nicht einmal 20 Endemiten: jene nirgendwo anders auf der Welt vorkommenden Schätzchen der Pflanzenjäger. Selbst der amazonische Regenwald ist ein Armenhaus an Pflanzen, verglichen mit dem Fynbos.

„Fijnbosch", Feingehölz, nannten die holländischen Siedler abschätzig den Pflanzengürtel, den sie im 17. Jahrhundert am Kap der Guten Hoffnung vorfanden. Er taugte nicht für Ackerbau und Viehzucht. Er brachte beim besten Willen nichts auf den Mittagstisch. Also überließen die Buren den Fynbos jahrhundertelang sich selbst – und natürlich den Männern mit ihren Botanisiertrommeln.

Das Kap gehört zu den ersten außereuropäischen Regionen, in denen botanisch geforscht wurde. Schon 1605 staunte das alte Europa über die Proteen-Blüten, die im Buch des Leidener Professors Carolus Clusius abgebil-

det waren. Die blumenvernarrten Niederländer ermunterten die Seeleute, fortan Pflanzen vom Kap mitzubringen. Ende des 18. Jahrhunderts waren es die Schweden Anders Sparrman und Carl Peter Thunberg, die das Kap durchstreiften; Thunbergs mehrbändige „Flora Capensis" ist bis heute ein Standardwerk.

Dennoch hat es Jahrhunderte gedauert, bis man das komplizierte Zusammenspiel zwischen scheinbar unfruchtbarer Erde, wenigen Tieren, Flächenbränden und saisonalem Blumenreichtum entschlüsseln konnte. Der im Sommer knochentrockene Fynbos hat sich seit Menschengedenken alle paar Jahre selbst abgefackelt. Brandursache war immer: Blitzschlag. Blieb das Feuer längere Zeit aus, begann die Vegetation zu verkümmern.

Je mehr sich die Botaniker über die unscheinbaren Pflänzchen beugten, desto faszinierter waren sie. Denn der Pflanzen-Sex im Fynbos bedient sich vieler Helfer: Proteen etwa lassen sich nur von Nektarvögeln, einer Vogelgattung mit besonders gebogenen Schnäbeln, befruchten. Die Tafelbergschönheit, ein Schmetterling, bestäubt nur rote Blüten – die Insekten im Rest der Welt eher ignorieren. Sehr emsig sind Ameisen, die Fynbos-Samen mit leckerer Hülle abschleppen, auffressen und den Saatkern verbuddeln. So überdauern diese bis zur nächsten Feuersbrunst, die ihren Panzer knackt. Andere Pflanzen neigen ihre Fruchtstände so geschickt darnieder, dass sie von Mäusen geerntet werden – die den Samen aber wieder ausspucken.

Diese Wunderwelt kämpft ums Überleben. Schon jetzt stehen 1400 Pflanzen auf der Roten Liste. Die Hauptbedrohung des Fynbos sind die Immigranten: importierte Pflanzen, die das

sensible Gefüge des magersüchtigen Blütenteppichs zerstören. Weil sie zu gefräßig und zu fortpflanzungsfreudig sind und damit die Ureinwohner gnadenlos verdrängen.

Am schlimmsten sind Bäume, die im Habitat des Fynbos aus gutem Grund nie vorkamen. Bäume ziehen das Wasser aus dem Boden, weil sie tiefer reichende Wurzeln haben und eine wesentlich höhere Verdunstung als der kleine Fynbos-Bewuchs. Ihre Schößlinge und Samen sind von penetranter Durchsetzungskraft. Und vor allem stören sie die Balance der Buschfeuer. Flächenbrände fallen heißer und länger aus als früher – dadurch werden die Samenvorräte der Fynbos-Pflanzen zu Tode gebrannt statt zum Leben erweckt.

Der Beginn dieser Überfremdung geht auf die holländischen Einwanderer zurück: Sie brauchten Holz zum Haus- wie Schiffsbau und pflanzten genügsamen Nutzwald.

Die Pinie aus dem Mittelmeerraum, an karge Böden gewöhnt, gedieh prächtig. Eukalyptus und „Wattle", die mimosenähnliche australische Akazie, wuchsen in ihrer neuen Heimat überbordend – daheim war ihre allzu lästige Verbreitung durch entsprechende Schädlinge im Öko-Gleichgewicht gehalten worden. Die Siedler glaubten sich sehr schlau, wenn sie peinlich darauf achteten, dass keinerlei Insekten und Käfer mitgeliefert wurden. Das war der Fluch der guten Tat.

Auch Zierpflanzen wie der Oleander oder die argentinische Sesbania, erst vor 50 Jahren aus Lust an der Gartengestaltung eingeführt, benahmen sich wie die Geister, die man ruft und nicht wieder los wird. Beide besiedelten im Rekordtempo die Fluss- und Bachufer und trinken die Lebensadern im Som-

www.merian.de MERIAN 63

 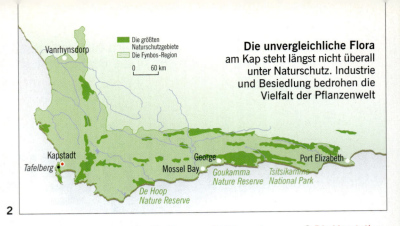

**Die unvergleichliche Flora** am Kap steht längst nicht überall unter Naturschutz. Industrie und Besiedlung bedrohen die Vielfalt der Pflanzenwelt

**1** Proteen werden nur von Nektarvögeln befruchtet – ihr langgebogener Schnabel ist ideal, um an Nektar zu kommen **2** Die Vegetation des Fynbos macht den größten Teil der Kapflora aus. 8600 Pflanzenarten wachsen auf insgesamt 90 000 Quadratkilometern

mer buchstäblich leer. Die Plantagenflüchtlinge graben auch den Menschen zunehmend das Wasser ab: In der Region Kapstadt sind in den letzten 50 Jahren die früher vorhandenen Trinkwasservorräte aus den großen Winterregen um 400 Millionen Kubikmeter per annum gesunken.

Eingeschleppte Tiere benahmen sich hingegen vorbildlich: Erzkolonialist Cecil Rhodes hatte 1897 in einer Art Heimwehanfall eine Horde Spatzen und Eichhörnchen aus England ans Kap verschifft und dort freigelassen. Doch diese sich üppig vermehrenden Tierchen machen sich nur über Fremdgehölze wie Eichen und Pinien her und nicht über den Fynbos.

Zu dessen Schutz und Erhaltung gibt es mittlerweile Dutzende von Gesellschaften. Teils auf internationalem wissenschaftlichen Niveau, teils auf lokaler Ebene, verbunden mit ABM-Maßnahmen und gespeist aus einem erwachenden Nationalgefühl, das den Fynbos als unverwechselbaren Teil der eigenen Identität begreift. Ein Tropfen auf den heißen Stein?

Moderne Naturschützer wissen, dass man bedrohte Pflanzenreiche nicht mit Sonntagsreden gegen handfeste Interessen wie Intensivwirtschaft, Staudämme und Bebauung schützen kann. Der Fynbos kann nur überleben, wenn er Profit bringt. Ganz nebenbei spielt der Tourismus hier längst den Lebensretter. Genauso wie es nicht nur die reine Tierliebe ist, wenn manche afrikanische Staaten heute energisch gegen Wilderei vorgehen. Man hat begriffen: „Tiere gucken" bringt mehr als „Tiere schlachten". Dieses Konzept – besichtigen statt beseitigen – ließe sich nahtlos auf das Pflanzenkönigreich am Kap übertragen. Weltweit ist der Öko-Tou-

rismus mit über 100 Milliarden Dollar pro Jahr zum stattlichen Wirtschaftsfaktor geworden.

Die zweite umweltfreundliche Nutzung des Fynbos setzt auf die Gärtner. Die Holländer haben vor 400 Jahren, zur Zeit der „Tulpomania", hauptsächlich Zwiebeln und Knollen nach Hause verfrachtet. Das hatte auch verkehrstechnische Gründe: Nur die im Sommerschlaf ruhenden Pflanzen mit ihrem unterirdischen Wuchsreservoir konnte man ausgraben und auf wochenlangen Segeltörns in die Heimat befördern, ohne dass sie Schaden nahmen. Was die Holländer aus ihren südafrikanischen Importen von Schmucklilien, Freesien, Gladiolen gemacht haben, ist heute ein millionenschweres Business.

Bislang haben sich die Gärtner in Südafrika von den Europäern die Butter vom Brot nehmen lassen. Letztere begriffen schnell, dass Pflanzen aus einem Hungerleiderboden leicht zu Topfpflanzen adaptiert werden können, etwa die in Westeuropa heißgeliebten Geranien, von denen im Fynbos hundert Sorten vorkommen.

Doch die Schatzkiste ist gerade erst geöffnet – jahrhundertelang war man am Kap damit beschäftigt, importierte Obst- und Weinsorten großzuziehen. Zwar werden Proteen als exotische Schnitt- und Trockenblumen exportiert sowie neuerdings einige der graziösen Sträuchlein als apartes Bindegrün für die Floristika. Aber Botaniker schätzen, dass in der Asche des Fynbos noch Tausende von Blumen auf ihre Vermarktung warten.

Die dritte Schiene zur sanften Kommerzialisierung des Fynbos ist Sache der Pharmaindustrie. Arzneimittel auf Pflanzenbasis bescheren ihr schon heute 50 Milliarden Dollar Umsatz pro Jahr, Tendenz steigend. Und im Fynbos

verbergen sich noch viele ungehobene Schätze. Biologen vermuten, dass erst zehn Prozent der Kap-Pflanzen auf ihre medizinische oder kulinarische Bedeutung untersucht wurden. Ein Beispiel dafür, wie gut sich pflanzliche Kostbarkeiten überregional vermarkten lassen, ist der Rooibostee. Er wird mittlerweile im Ausland mehr getrunken als in Südafrika. Natürlich hat so mancher europäische Importeur schon überlegt, den Tee selber anzubauen. Rooibos widersetzt sich aber dem Plagiat – Biologen vermuten, das liege an einer Bodenbakterie, die nur im Fynbos vorkommt.

Die Khoikhoi und die San, Südafrikas vertriebene, getötete Ureinwohner, bedienten sich der Fynbos-Pflanzen als Heilmittel gegen vielerlei Krankheiten. Sie destillierten Hustensaft aus einer bestimmten Sorte weißblühender Erika und aus dem bildhübschen Zuckerbusch *Protea repens*, dessen Nektar sie auch als Süßstoff verwendeten. Das medizinische Wissen der Ureinwohner ist weitgehend verloren. Und während der Apartheid haben es viele Biologen aus politischen Gründen vermieden, sich vor Ort um eine der größten Samenbanken der Welt zu kümmern. Inzwischen forschen immer mehr Arzneimittelkonzerne statt an der reinen Chemie verstärkt wieder in der Botanik. Wer weiß, ob in den Tausenden von unscheinbaren Fynbos-Pflanzen nicht die ultimative Wunderwaffe gegen Rheuma oder Krebs verborgen ist? ☐

**Paula Almqvist**, *freie Journalistin, ist Expertin für Pflanzen und Gärten.*

> Der Artenreichtum des Fynbos lässt sich besonders gut im **Kirstenbosch National Botanical Garden** beobachten, s. Seite 108.

☐ FREMDSPRACHE
☐ WELTSPRACHE

**Capital**

LESEN. ENTSCHEIDEN.

Ausführung „Lederoptik"
mit Goldprägung
für 24,90 Euro

**GLEICH MITBESTELLEN!**

Ausführung **„Acryl"**
modern und zeitlos
für 19,90 Euro

Ausführung **„Leinen"**
mit historischem
Stadtmotiv für 12,90 Euro

# FREUEN SIE SICH AUF...

**Ihr persönliches MERIAN-Archiv!** Archivieren Sie Ihre MERIAN-Sammlung stilvoll und sicher in den exklusiven MERIAN-Sammelschubern. Jeder Schuber bietet Platz für 12 MERIAN-Ausgaben.

**Nur für Abonnenten:
der Premium-Bereich von merian.de**

- mehr Informationen zu Ihren Reisezielen
- topaktuelle und nicht veröffentlichte Reiseberichte
- Shopping-Tipps und weiterführende Informationen auf einen Blick
- über 5000 Reiseziele weltweit

Unser exklusiver Service
**GRATIS**
für MERIAN-Abonnenten

# MERIAN
**Die Lust am Reisen**

**JANUAR 2007**

**FEBRUAR 2007**

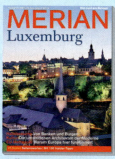

**MÄRZ 2007**

**APRIL 2007**

**MAI 2007**

**JUNI 2007**

**Ihre Bibliothek des Reisens**
Abonnieren Sie MERIAN jetzt und Sie erhalten mit den kommenden 12 Ausgaben die Welt von MERIAN frei Haus. Monat für Monat vervollständigt jedes Heft Ihre Bibliothek der Länder, Regionen und Städte.

**DER ZWEITE BLICK** AUF ROBBEN ISLAND

# Jenseits von Afrika

Robben Island ist ein Ort, der zwiespältige Gefühle auslöst. Die berüchtigte Gefängnisinsel, auf der heute Häftlinge von einst Touristen stolz ihre Vergangenheit präsentieren, begeistert mit einer wunderschönen Landschaft – und einem überwältigenden Artenreichtum

Text: Harald Stutte

Es gibt Tage, an denen fühlt sich die 22-jährige Allharishia wie auf einem anderen Stern. Der allgegenwärtige Tafelberg und die sonst so greifbar nah scheinende Silhouette Kapstadts – sie verlieren sich hinter einer dichten Nebelwand. An solchen Tagen hat Allharishia das Gefühl, dem Südpol näher zu sein als dem nur zehn Kilometer entfernten afrikanischen Festland. Dabei hat sie die gefühlte Nähe zu ihrer Heimatstadt Kapstadt doch so dringend nötig, denn Allharishia wohnt erst seit drei Monaten auf Robben Island. Und für eine lebenshungrige Großstädterin ist das nicht unbedingt die Erfüllung eines Lebenstraums.

Robben Island – weltweit war diese Gefängnisinsel Symbol des Leides, aber auch des bornierten Überlebenskampfes eines dem Untergang geweihten Systems. Zudem symbolisiert Robben Island einen in Erfüllung gegangenen Traum: den vom Triumph einer Idee über das menschenverachtende Apartheid-System: Nelson Mandela, Südafrikas erster schwarzer Präsident, der hier 18 seiner insgesamt 27 Haftjahre eingesperrt war, verließ Robben Island nicht mit einem Gefühl des Hasses. Auf der Insel, seinerzeit auch „Mandelas Universität" genannt, wurde er zu *Madiba* – dem Vater der südafrikanischen „Regenbogennation", dem Brückenbauer zwischen verfeindeten Kulturen und Ethnien.

Robben Islands bewegte Vergangenheit – für Allharishia liegt sie in weiter Ferne, irgendwo hinter den Nebelschleiern, die sich an den Wintermorgen zwischen ihre neue und alte Heimat schieben. Ihre Welt auf Robben Island, das ist ein 70 Quadratmeter großer Krämerladen in der einzigen Siedlung. Hier verkauft sie alles, was die Bewohner täglich benötigen: Waschmittel, Eier, Limonade, gefrorene Tintenfischringe. Der Renner sind einzeln verkaufte Zigaretten, das Stück für 80 südafrikanische Cent, umgerechnet zehn Euro-Cent.

Die Liebe verschlug die im Kapstädter Vorort Parow geborene Frau nach Robben Island. Ihr Freund Charl ist Mechaniker und auf der Insel für die Trinkwasseranlage zuständig. Also hieß die Alternative „Mitgehen" oder „Fernbeziehung". Und weil Allharishia weiß, wie fern Robben Island den Kapstädtern mitunter erscheint, entschied sie sich fürs Mitgehen – eine Entscheidung des Herzens. Sie vermisst vieles: Es gibt kein Kino, keine Clubs, keine Einkaufs-

---

**MERIAN | Info** Naturvielfalt

144 Vogel-, 23 Säugetier- und 21 Reptilienarten leben auf Robben Island. Unter Naturschutz stehen vor allem die Vögel: Zu den besonders gefährdeten Spezies gehören die „Hartlaub's Möwen", die nur in Südafrika vorkommen. Außerdem die „Afrikanischen Austernfänger", die „Eilseeschwalben" sowie 7 000 brütende Paare der „Afrikanischen Pinguine", deren Zahl ständig zurückgeht. Das Institut für Vogelkunde der Universität von Kapstadt beobachtet und beringt seit 1991 die Vögel am Kap.

**>> mehr Tipps im Info-Teil ab S. 107**

---

bummel in Kapstadts Luxusmeilen Canalwalk oder Waterfront. Die Autos, mit denen die Touristen herumgefahren werden, bräuchten lediglich einen Scheibenwischer, ein Bremslicht, eine Bremse. Das würde für den bescheidenen Autoverkehr auf der Insel reichen, wo nur 150 Bewohner zwischen vielen Tieren umherkurven.

Es gibt aber auch Dinge, die mag Allharishia auf Robben Island: die fantastischen Sonnenuntergänge im Meer zum Beispiel. Die genießt sie am liebsten von der Terrasse ihres kleinen Miet-Apartments – natürlich mit Blickkontakt zur „Mother City".

Spaziergänge über die Insel indes meidet sie, weil sie den „Ziegen" nicht traut. Damit meint sie die zahlreichen auf der Insel lebenden Bunt-, Stein- und Springböcke, die sich das 574 Hektar große Insel-Herz mit Kaninchen und Steinhühnern teilen.

„If you come to this Island, you stay here for longer", sagt Sabatha, ein alter Mann, während er in Allharishias Laden zwei Zigaretten kauft: „Kommst du auf die Insel, dann bleibst du länger." Allharishia lächelt gequält, notiert den Kauf in eine Liste. Bezahlen muss man in ihrem Laden nicht sofort, man kennt sich. Und so leicht verschwindet von hier auch niemand.

Thulani Mabaso allerdings dachte nur ans Verschwinden, als er am 1. August 1983 mit dem Schiff von Kapstadt aus nach Robben Island gebracht wurde. Gefesselt in Handschellen sah der damals 22-Jährige zum ersten Mal das Meer. „Mir war

Auf der früheren Gefängnisinsel war Nelson Mandela 18 Jahre inhaftiert, heute ist Robben Island Naturschutzgebiet und Weltkulturerbe

schlecht, ich musste mich ständig übergeben," erinnert er sich an die Überfahrt. Thulani Mabaso stammte eigentlich aus Natal, gehört zum Volk der Zulu. Der Hass auf das Apartheid-System hatte den Jugendlichen zum Terroristen gemacht, zumindest war er das für die Vertreter des herrschenden Systems. Für die Mehrheit der Südafrikaner hingegen war und ist Thulani ein Freiheitskämpfer. Skrupel hatte er keine, als er als Anführer eines kleinen Kommandos das achtstöckige Gebäude der NedBank in Johannesburg „wegpustete", wie er heute stolz erzählt. „Niemand kam zu Schaden, außerdem hatten wir ja Krieg", fügt er hinzu. Zuvor waren er und seine Mitstreiter acht Monate lang im benachbarten Zwergstaat Swasiland im Umgang mit Sprengstoff trainiert worden.

„Ich kam voller Hass und Verbitterung auf die Insel", sagt er. Doch sechs Jahre Robben Island haben aus Thulani einen altersmilden, friedfertigen Menschen gemacht, der heute Versöhnung predigt. „Each one – teach one," jeder ist eines anderen Mithäftlings Lehrer, hieß eines der Prinzipien an „Mandelas Universität."

Nicht der Hass auf die Herrscher, sondern der konstruktive Blick auf das Südafrika von morgen wurde zum Motivationsquell für die gefangene Elite des African National Congress (ANC). Thulani verbesserte sein Englisch, er lernte viel über Politik, Geschichte, heute führt er Touristen durch den alten Gefängnistrakt.

**Und es gab in den Zellen sogar so etwas wie Freundschaften zwischen Gefangenen und Wärtern.** Mit Christo Brand, einem Ex-Wärter, ist Thulani bis heute befreundet. „Er hat uns immer die aktuellen Rugby-Ergebnisse mitgeteilt," erinnert er sich. Und gelegentlich schmuggelte der Wärter auch Briefe heraus und verbotene Bücher herein.

Robben Islands Dasein als Gefängnisinsel begann 1658 mit der Inhaftierung des Khoikhoi-Häuptlings Autshumato. Heute ist die Fähre, die zwischen Festland und Insel verkehrt, nach ihm benannt. Jeden Abend gegen 18 Uhr legt sie ab, absolute Stille senkt sich über das Eiland. Die letzten Besucher verlassen die Insel. Die Strände gehören dann wieder den Südafrikanischen Pelzrobben, Brillenpinguinen und afrikanischen Schnabelbrustschildkröten, das Hinterland den Buntböcken, Maulwurfsnattern, den rotschnäbligen Steinhühnern, Austernfischern und anderen bedrohten Vogelarten. Die Menschen gehen in ihre Häuser. Die meisten meiden, wie Allharishia, Begegnungen mit den „Ziegen".

Sabatha, der alte Mann, der eben noch im Insel-Store zwei Zigaretten erstand, nennt andere Gründe: *Togoloshi*, kleine boshafte Geister treiben auf dem Eiland ihr Unwesen. Sie werden für alles verantwortlich gemacht: Krankheiten, ungewollte Schwangerschaften, auch bloß für einen simplen Stromausfall, derzeit ein Dauer-Ärgernis in der Kapregion. Es sind die Geister der einst auf die Insel verbannten Lepra-Kranken, erklärt Sabatha. Mag die aufgeklärte Großstadt auch in Sichtweite sein, Robben Island ist anders, nur einen Steinwurf jenseits von Afrika. □

**Harald Stutte,** *Politikredakteur bei der Hamburger Morgenpost, fährt jedes Jahr nach Südafrika: Er ist mit einer Kapstädterin verheiratet.*

Jubel im Gedenken an die Befreiung: Mit der Parade beim „Coon Carnival" feierte das ganze Viertel das Ende der Sklaverei

„The Seven Steps": Die Treppe war einer der markanten Plätze im Gewirr der Straßen

Ein Fotoessay aus den sechziger Jahren von Cloete Breytenbach

# Die letzten Tage der Freiheit

**District Six war ein Phänomen: ein Viertel von großer Toleranz und mitreißendem Temperament zu Zeiten der Apartheid. Ende der sechziger Jahre beschließt die Regierung den Abriss des Multikulti-Quartiers und siedelt alle 60 000 Bewohner in Townships um. Eine Tragödie, die ganz Kapstadt verändert**

Menschenmassen mit Stock und Hut: Beim Karneval ergoss sich der Strom der Feiernden von District Six aus durch Kapstadts City

# District Six war einzigartig

Der Spielplatz der Kinder war die Straße, aber trotz Armut verloren sie nie ihre Lebensfreude

Große Fische für kleine Leute gab es am Alten Fischmarkt in der Hanover Street

Kleine Mutproben: Wie lange kann ich mich an einen Elektrobus hängen, bis mich der Schaffner runterholt?

District Six in den Sechzigern – bald danach nur noch Brachland

Viertel der Träume und Träumer: Alles, was hier geschah, schien immer mit einem Lachen zu enden

Die fröhliche Seele Südafrikas

# Die Heimat aller Hautfarben

**Text: Corinna Arndt**

Wer eine Gitarre hatte, war Unterhaltungskünstler

Zwischen 1913 und 1983 wurden vier Millionen Südafrikaner in ihrem eigenen Land gewaltsam vertrieben und umgesiedelt – weil sie die falsche Hautfarbe hatten. Nur selten hat die Welt davon etwas mitbekommen. Anders in Kapstadt: Als die Apartheid-Regierung beschloss, einen ganzen Stadtteil dem Erdboden gleich zu machen, rechnete sie nicht mit dem Widerstandsgeist seiner Bewohner. District Six wurde zum Symbol für die Auswüchse blinder Ideologie – weithin sichtbar als kahler Fleck auf dem Stadtplan von Kapstadt. Die Geschichte des Viertels ist eines der tragischsten Kapitel des alten Südafrika. Sie liest sich wie eine Mischung aus kitschigem Liebesroman und Altem Testament – ein Happy End, das vieles offen lässt, inklusive.

„District Six war einmalig", sagt der alte Kapmalaie mit dem sonnengegerbten Gesicht und blickt nachdenklich nach oben auf die kahle, von Unkraut überwucherte Fläche am Hang

Malaien-Hochzeit: Im District Six traf sich die ganze Welt

Kirchen und Schulen hielten die Community zusammen

des Tafelberges. „Wir hatten alle möglichen Leute hier, und alle haben in Eintracht miteinander gelebt." Mit einer weiten Geste holt er aus, seine Hand fährt herum, als würde sie die ganze Welt einschließen: „District Six war einzigartig, ein unbeschreiblicher Ort!"

Aber District Six ist tot. Niedergemäht von Politikern, die nicht ertragen konnten, was sie sahen: ein quirliges Stadtviertel, in dem weder Hautfarbe noch Herkunft zählten und christliche Jungs das Fußballspiel unterbrachen, wenn der Muezzin ihre muslimischen Kumpels zum Gebet rief. District Six war Multi-Kulti in größtem Selbstverständnis. District Six war die Regenbogennation, bevor das Wort erfunden wurde. Für die Politiker in Pretoria hingegen, ideologietrunken auf dem Höhepunkt der Apartheid, war das Viertel eine Peinlichkeit ersten Ranges. Es verkörperte einen fröhlich-entrückten Lebensstil, der ihre angeblich von Gott selbst geweihte politische Vision aussehen ließ wie das Experiment eines verrückt gewordenen Professors.

Heute, 40 Jahre später, ist die Apartheid das dunkle Kapitel der Geschichte Südafrikas, und über die ersten, gerade gebauten, Häuser auf dem Gebiet von District Six fegt der Südost-Wind. Von der alten Substanz ist außer ein paar Kirchen und Moscheen nichts übrig geblieben. Stattdessen zieht sich eine überdimensionierte Asphaltpiste durch das Gebiet, gebaut, um die Erinnerung an die Hanover Street auszulöschen, die einst die Lebensader des Viertels war. Mitte des 19. Jahrhunderts trafen sich hier befreite Sklaven und Matrosen aus dem nahen Hafen, Künstler und Immigranten, Kinder in Seifenkisten und Händler mit voll geladenen Gemüsekarren.

District Six war das Epizentrum der Hoffnungsvollen und Lebensfrohen und die Heimat all derer, die voller Träume waren – und leere Taschen hatten. Zeitweise lebte ein Zehntel aller Kapstädter in den dicht aneinander gedrängten kleinen Häusern zwischen Innenstadt und den Textilfabriken von Woodstock. Man teilte die Ar-

mut. Und man teilte alles, was sie ein bisschen erträglicher machte: den Herd zum Brotbacken, den Zucker für den Tee und die Liebe zur Musik.

An den Straßenecken standen junge Männer in Gruppen beisammen und sangen, jeden Tag. Zum Spaß, und um ein bisschen Kleingeld zu verdienen. Einer davon war Sedick Christians, seine Gruppe: die „Rockets". Langsam blättert er durch ein Fotoalbum, vorsichtig, damit die vergilbten Seiten nicht einreißen. Auf einer Schwarzweiß-Aufnahme lachen fünf Sänger in die Kamera, im Anzug, mit Hut und Krawatte. „Wir träumten davon, in Amerika aufzutreten", sagt Christians, „aber es war nicht die richtige Zeit für schwarze Musiker." Er blättert zur nächsten Seite. Die fünf umringt von kreischenden Mädchen am Ende einer Show. „Wir sahen verdammt gut aus damals!" Ein Kichern. „Jetzt sind wir alte Ziegenböcke!"

Wenn die Alten vom Leben in District Six erzählen, dann entsteht ein sentimentales Bild, gezeichnet in rosaroten Farben. Klar habe es Gangster gegeben, räumen sie ein. Gangster mit Stil, die sich Faustkämpfe im Anzug lieferten und sich von alten Frauen in die Schranken weisen ließen. Dazwischen spielten Kinder barfuß auf der Straße Fußball mit Bällen aus zusammengeknülltem Zeitungspapier. Wer Hunger hatte, klaute eine Möhre vom Karren des Gemüsehändlers, trug einer alten Frau für ein paar Münzen die Einkaufstaschen nach Hause oder angelte sich einen Barracuda in der False Bay. „Du konntest gar nicht hungern – es war ein gesegneter Ort", sagt Christians. Und inmitten dieser engen Gemeinschaft entstand ein Selbstbewusstsein, das anderswo längst gesenkten Blicken gewichen war: Hinter den putzbröckelnden Mauern wuchs der politische Widerstand gegen die Apartheid, Dichter schrieben gegen das Regime an, Schwarz und Weiß teilten Küche und Schlafzimmer.

1966 fiel die Entscheidung: Die Apartheid-Regierung erklärte District Six zum Slum und zur weißen Wohngegend unter dem *Group Areas Act* von 1950. Was viele Bewohner zunächst für

einen schlechten Scherz hielten, nahm unter Premierminister Balthasar Johannes Vorster alsbald Form an: 1968 rückten die Bulldozer an, doch es dauerte noch weitere 15 Jahre, bis die letzte Familie unter Protest District Six verließ. Mehr als 60 000 Menschen wurden, nach Hautfarbe sortiert, auf Townships aufgeteilt, Familien zerrissen, Existenzen zerstört. Viele dieser Townships wie Hanover Park oder Lavender Hill tragen Namen, die an Straßen in District Six erinnern. In ihnen regieren Arbeitslosigkeit und Straßengangs, für die ein Leben so viel zählt wie die nächste Speed-Tablette.

District Six selbst wurde 1970 in „Zonnebloem" umbenannt, doch mit Ausnahme einer Fachhochschule wegen massiver Proteste im In- und Ausland nie wieder bebaut. 1997 schließlich fiel das Land per Gerichtsentscheid zurück an seine ursprünglichen Bewohner, 2004 war es dann soweit: Der erste Spatenstich markierte den Wiederaufbau des Viertels und die Rückkehr der einst Vertriebenen. Mittlerweile sind die ersten 24 Häuser fertig und bezogen. Bis zur Fußball-WM 2010 sollen wieder 20 000 Menschen in District Six wohnen.

Die Zeit drängt. Viele der gewaltsam Vertriebenen sind gestorben, ihre Kinder haben kaum Erinnerungen an die alten Zeiten. Die neue Gemeinschaft wird mit den Spuren leben müssen, die 40 Jahre Diaspora hinterlassen haben. Darüber macht sich auch der alte Kapmalaie keine Illusionen. „Der neue District Six wird nicht der alte sein", sagt er. „Aber zumindest bekommen wir unsere geraubte Würde zurück." □

**Corinna Arndt** *berichtet seit 2003 als freie Korrespondentin aus Kapstadt vor allem für den Hörfunk.*
**Cloete Breytenbach**, *geboren 1933, fotografierte „The Spirit of District Six" Ende der sechziger Jahre. Er ist einer der bekanntesten Fotografen Südafrikas, arbeitete unter anderem für Paris Match,* Time *und* Life-Magazine *und ist Bruder des Schriftstellers und langjährigem Anti-Apartheid-Aktivisten Breyten Breytenbach.*

# TRIUMPH DER NEUEN

Es herrscht Aufbruchstimmung in der Weinregion zwischen Paarl, Stellenbosch und Franschhoek – Keller- wie Anbautechniken werden immer moderner, die Weine eleganter, die Winzer leidenschaftlicher: Pioniergeist steht hinter der sanften Revolution der Reben

# TROPFEN

Text: Susanne Bittorf

Weingut bei Franschhoek, dem „Franzoseneck": Wo Hugenotten 1688 erstmals Reben pflanzten, erholen sich heute Gäste im gediegenen Hotel Basse Provence

Wein und Wellness: Im luxuriösen Santé Wineland Hotel in Simondium wird der Gast mit neuartigen Weintherapien verwöhnt

## JEDE MENGE LOGENPLÄTZE FÜR WEINGOURMETS

Was für ein Sonnenaufgang! Das Nachtblau des Himmels mischt sich mit Weiß und Rosa, die wild gezackten Bergspitzen glühen tief orange, und durch die grünen Weinberge von Zorgvliet ziehen goldene Nebelschwaden. „Der Ort, aus dem die Sorgen fliehen", haben die Einwanderer diesen Flecken genannt und sich vor 300 Jahren hier niedergelassen. Es ist ein begnadetes Tal mit guten Böden, breit genug, um jeden Sonnenstrahl einzufangen, und geschützt von einem Kranz aus Bergen. Neil Moorhouse muss sich manchmal zwicken, damit er sein Glück begreift. Mit seinen 30 Jahren ist er Herr über die Weinfässer von **Zorgvliet**, einer der Jungen der neuen Winzergeneration am Kap. Ein richtiger Kellermeister – aber das klingt zu alt. Neil Moorhouse ist eher der sportliche Typ, rotblond und sommersprossig, er hat seine Jugend auf dem Surfbrett verbracht. Dafür bleibt jetzt keine Zeit mehr. Die Ernte ist eingefahren, er hat kaum

Oben: „Groot Constantia" ist das älteste Weingut des Landes, seit über 320 Jahren ununterbrochen in Betrieb. Unten: Weingut „Asara" bei Stellenbosch. Die Berge schützen vor dem Einfluss des kalten Atlantiks

geschlafen, und nun gärt der Rebensaft in den Edelstahlfässern.

Wie eine Kommandobrücke thront das Büro des jungen Winzers über den Tanks, aus Lautsprechern beschallt James Blunt per Livestream aus London die moderne Halle, und wer will, kann mit der Webcam zuschauen, was im Keller passiert: Neil ist Hightech-Freak. Auf der Weinmesse in Düsseldorf hat er sich via Internet in seinen Keller gebeamt und vor den Augen der Zuschauer die Gärung kontrolliert. „Hier steht der technologisch wohl am höchsten entwickelte Weinkeller Südafrikas", sagt er lässig, „erbaut von einem unserer besten Architekten".

Die älteste Grundbucheintragung für Zorgvliet stammt aus dem Jahre 1692, als der österreichische Söldner Casper Wilders das Land erwarb. Um die gleiche Zeit kamen die aus Frankreich vertriebenen Hugenotten ans Kap und begannen, im Tal von Franschhoek („Franzoseneck") Wein anzubauen. Zorgvliet lag damals viel zu hoch für Wein, also pflanzte man im Tal zwischen Stellenbosch und Franschhoek hauptsächlich Obst an. Doch damit lässt sich heute kein Geld mehr verdienen. Inzwischen sind die Sommer heißer, die Winter trockener – also die steileren Lagen gefragt, weil der kühle Wind vom Meer über die Hänge weht. Hier wächst der beste Sauvignon Blanc.

Weiter unten im Tal gedeihen edle Rotweinsorten. Der erste Pinot Noir, den Neil Moorhouse vor drei Jahren in den Keller brachte, lagert in neun Eichenfässern. „Diese Rebsorte kann einen sehr frustrieren, aber wenn man alles richtig gemacht hat, gibt es nichts besseres!" Scheinbar hat Neil alles richtig gemacht. In Südafrikas Weinbibel „John Platter" werden seine Weine gelobt: „Gut balanciert und ausgewogen mit einem dornigen Unterton von Cassis". Dem Sauvignon Blanc bescheinigt Platter eine „fesselnde Spannung aus eher schwerer Tropenfrucht und frischem Citrus, vor allem Guaven- und Pampelmusentöne".

Mit den Weinen ist es wie mit den Menschen hier: Sie sind im Aufbruch. Zu Apartheid-Zeiten gab es nur ein paar Familienbetriebe und eine mäch-

# BESTE LAGEN IN BEZAUBERNDER LANDSCHAFT

tige Kooperative, die alle Trauben einsammelte und daraus schwere, tanninhaltige Weine produzierte, die man jahrelang im Keller lagern konnte. Heute reiht sich um Stellenbosch und Franschhoek Weingut an Weingut. Wo vor kurzem noch Obstplantagen dominierten, stehen heute Rebstöcke: Südafrikas Weine sind gefragt, seit dem Ende der Apartheid wird sechsmal soviel exportiert, zuletzt 270 Millionen Liter. Sie gingen nach Holland, Großbritannien, Deutschland, Russland, China und Kasachstan. Die neuen Winzer haben gelernt, das Besondere aus ihren Trauben zu pressen, sie so natürlich wie möglich zu verarbeiten, damit man den Boden, das außergewöhnliche Klima schmeckt.

Debbie Burden war 22, als sie ihr Weinbaustudium beendete und nach **Simonsig** ging. Sie ist für die Rotweine des Familienbetriebs zuständig – 2005 hat sie es zur „Kellermeisterin des Jahres" gebracht. Debbie ist groß, trägt kurze blonde Haare, ihre Augen sprühen vor Begeisterung.

Eigentlich wollte sie Tierärztin werden. Doch während ihres Studiums an der Universität von Stellenbosch, dem Zentrum des Weinlandes, hat es sie gepackt: Statt von Rinderrassen schwärmt sie heute von Pinotage – einer einzigartigen Rebsorte, die nur in Südafrika wächst; begeistert sich für heimische Ton- und Muschelkalkböden, die dem Wein den besonderen Geschmack geben.

Alison Adams hingegen träumt davon, einen ausgezeichneten Merlot zu produzieren. Drei Fässer hat sie angesetzt, ohne Zusatz von Hefe und anderen Hilfsmitteln. Im kleinen Weinkeller des ehemaligen Journalisten Martin Meinert spricht die 25-Jährige über Farben und Düfte, erschmeckt Früchte und Gewürze, die sich anhören wie aus Tausendundeiner

Nacht, als probiere sie vom Zaubertrank aus einer Märchenwelt. Zu ihrer Herkunft würde das passen: Atlantis, so heißt der Name des Ortes rund fünfzig Kilometer nördlich von Kapstadt, in dem die begabte Jungwinzerin aufwuchs. Hinter dem mystischen Namen verbirgt sich ein hässlicher Ort, geschaffen zu Zeiten der Apartheid. Alison ist schwarz und Tochter eines Pfarrers. Alkohol war in der Familie verpönt – der Vater hatte schon genug Ärger mit den Familien seiner Gemeinde, die ihr Elend in billigem Fusel ertränkten. Und gerade seine Tochter schaffte mit Hilfe eines Stipendiums den Weg in das weiß getünchte Städtchen Stellenbosch! Damals war Allison Adams eine der wenigen Schwarzen unter den Studenten. Darüber, dass sie erst im dritten Studienjahr den Mut fand, ein Glas Wein zu probieren, kann die Kellermeisterin heute lachen. Man muss ihren Lebensweg kennen, um die Hingabe und Begeisterung zu würdigen, mit der sie die Fässer der **Meinert Wines** im Devon Valley hütet. Sie träumt von einem eigenen Stück Land am Meer, einem wirklichen Atlantis mit Delfinen und Weinreben.

In den Hügeln von **Nelson's Creek** liegt ein ganz besonderer Weinberg. Wegen der Bodenqualität, der Lage zwischen Meer und Gebirge und des perfekten Alters der Rebstöcke zählen die elf Hektar zu den besten Flächen im Weingut des Rechtsanwalts Alan Nelson. Sie bieten ideale Bedingungen für Pinotage und Cabernet Sauvignon. Hier begann 1996 eine kleine Revolution: Der Weinberg

---

### MERIAN|TIPP Weingüter

**Meinert Wines**
Besichtigung nur nach Absprache, die Weine werden verkauft bei
**Ken Forrester Wine Yards (P 3)**
Winery Rd, Helderberg, Tel. (021) 855 23 74, www.kenforrester wines.com; tgl. 10-17 Uhr
**Nelson's Creek Wine Estate (L 6)**
Paarl (R44 Rtg. Wellington), Tel. (021) 869 84 53, www.nelsonscreek. co.za; Mo-Fr 8-17, Sa 9-13 Uhr
**Simonsig Wine Estate (P 2)**
Koelenhof, Stellenbosch, Tel. (021) 888 49 00, www.simonsig.co.za
Mo-Fr 8.30-17, Sa 8.30-16 Uhr
**Zorgvliet (P 2)**
Banhoek Valley, Hellshoogte Pass, Stellenbosch, Tel. (021) 885 13 99
www.zorgvlietwines.co.za
Mo-Sa 9.30-16.30 Uhr

Edle Tropfen in berauschend schöner Umgebung. Im Restaurant des Weingutes „Zevenwacht" westlich von Kuils River speist man mit Blick auf den hauseigenen See

Oben: Haute Cuisine, dazu Wein von Weltklasse. Viele Güter trumpfen mit heimischen Produkten in eigenen Restaurants auf.
Unten: Nach der Abfüllung reifen die Spitzenweine in Eichenfässern

Eine imposante Allee führt zum Herrenhaus „La Rhône" (1812) des Weingutes „Boschendal" – ein herausragendes Beispiel kaphollä́ndischer Architektur, das für Besucher zu besichtigen ist

kam in den Besitz der schwarzen Familien, die schon seit Generationen das Land bestellten, aber niemals zuvor Winzer gewesen waren.

Seit die Hugenotten Ende des 17. Jahrhunderts die ersten Weinstöcke nach Südafrika brachten, gehörte das Land den Weißen. Schwarze durften es allenfalls bearbeiten. Wie Leibeigene wurden sie behandelt, lebten in Hütten am Rand der Güter, ohne Strom und fließendes Wasser. Als Teil ihres kümmerlichen Lohns bekamen sie fünfmal am Tag einen Blechnapf schlechten Weines und wurden in jeder Hinsicht abhängig gehalten, durften weder Lesen noch Schreiben lernen.

Als Alan Nelson 1987 das bankrotte Weingut kaufte, ging es den 16 Weinarbeiter-Familien dort nicht anders: Arbeiten, trinken, schlafen – das war der Rhythmus ihres Lebens. Der neue Besitzer von Nelson's Creek schaffte den Weinlohn ab und übertrug den Arbeitern mehr Verantwortung. Als es mit ihrer Hilfe gelang, das Gut wieder aufzubauen, schenkte er ihnen jene elf Hektar.

Es war der erste Weinberg, der schwarzen Südafrikanern gehörte. **New Beginnings** nannten sie ihre kleine Genossenschaft, „Produziert, gereift und abgefüllt im Neuen Südafrika", stand auf den Flaschen des ersten eigenen Weines. Victor Titus, der Manager von New Beginnings, hat den Weg der schwarzen Winzer in die Selbstständigkeit begleitet. Er weiß noch, wie er mit den Familien in die Stadt fuhr, um ein Konto zu eröffnen. „Sie trauten sich nicht in die Bank hinein". Zu Weihnachten standen für die Kinder Fahrräder unter dem Weihnachtsbaum – daran kann sich Solly Hendricks noch gut erinnern. Er war damals zwölf oder 13 Jahre alt. Die Eltern schickten ihn auf eine bessere Schule, und dort entstand sein Traum, eines Tages den Weinkeller von New Beginnings zu leiten.

Noch wird der Wein im Keller von Nelson's Creek verarbeitet, wo Solly assistiert. Er hat Kurse in Stellenbosch besucht und ist der erste in der Genossenschaft der Arbeiterfamilien, der schon einmal mit dem Flugzeug nach Europa gereist ist und die Weinkeller von Burgund gesehen hat. Für seine weitere Ausbildung fehlt New Beginnings allerdings im Moment noch das Geld.

Noch sind die meisten Weingüter in der Hand der Weißen. Die Landreform kommt nur schleppend voran. Eine staatlich verordnete Charta zur Umverteilung des Besitzes ist in Arbeit, aber damit ist es nicht getan. Es mangelt an Ausbildung, an Erfahrung. Alle Hoffnung ruht auf der jungen Generation. Für jemanden wie Neil Moorhouse, der mit seinem bunt gemischten Team auf Zorgvliet ausgezeichnete Weine produziert, war es selbstverständlich, mit Kommilitonen aller Hautfarben dort zu studieren, wo früher nur Weiße zugelassen waren.

Einer der besten Freunde von Neil Moorhouse ist Mzokhona Mvemve, der mit ihm an der Universität in Stellenbosch studiert hat. Der 31-jährige Schwarze fühlt sich noch als Außenseiter – der Nachwuchs, so glaubt er, wird es einmal besser haben. „Ich bin ein Vorbild für viele junge Schwarze". Gerade hat der junge Weinmacher sein eigenes Label herausgebracht – der erste eigene Wein eines ausgebildeten schwarzen Weinexperten. Sagila heißt die Marke, ein Wort aus seiner Heimat KwaZulu-Natal. Sie soll nicht nur in Europa ein Erfolg werden, sondern auch zu Hause bei der neuen schwarzen Mittelschicht, die längst Geschmack daran findet, die Weine aus dem eigenen Land zu genießen. □

Solly Hendricks von „New Beginnings" arbeitet in der ersten schwarzen Winzergenossenschaft. Unterstützt wird er von Jean van Rooyen, Kellermeister von „Nelson's Creek"

## ALTE GÜTER UND WINZER MIT VISIONEN

---

**MERIAN|TIPP** Wohnen auf dem Weingut

**Region Constantia**
(M/N 2) **Steenberg**
Fünfsterne-Hotel am Fuße des Tafelbergs in restaurierten Gebäuden von 1682.
**Steenberg Hotel**, Tokai Rd. Constantia, Tel. (021) 713 22 22
www.steenberghotel.com €€€
(M/N 2) **Constantia Uitsig**
Luxuriöses Country Hotel: **Constantia Uitsig Hotel**, Spaanschemat River Rd. Constantia, Tel. (021) 794 65 00
www.constantiauitsig.co.za €€€€
**Region Stellenbosch**
(L 6) **Zorgvliet**
Zwischen Stellenbosch und Franschhoek. Dezenter Luxus. **Banhoek Vineyard Lodge**, Tel. (021) 885 17 91 €€

**Zorgvliet Suites**, sechs Zimmer im französischen Landhausstil.
Tel. (021) 885 24 83 €€€
Außerdem **Le Pommier Country Lodge**, kleiner und rustikaler, recht nah an der Straße.
Tel. (021) 885 12 69
www.africanpridehotels.com €€
(P 2) **Lanzerac**
300 Jahre altes Herrenhaus, fünf Sterne. Jonkershoek Valley, Tel. (021) 887 11 32
www.lanzerac.co.za €€€
(P 3) **Ken Forrester Wines**
Weingut mit zwei rustikalen **Cottages** und eigenem kleinen See. Winery Rd. Helderberg, Tel. (021) 855 23 74
www.kenforresterwines.com €

(O 2) **Zevenwacht**
Mehrere Suites und Chalets – alle mit Blick auf False Bay. Langverwacht Rd. Kuils River, Tel. (021) 903 51 23
www.zevenwacht.co.za €€
**Region Franschhoek**
(L 6) **La Petite Ferme**
Weingut mit franz. Restaurant und fünf **Suiten**. Franschhoek Pass Rd.
Tel. (021) 876 30 16
www.lapetiteferme.co.za €€
(P 1) **Santé Winelands Hotel**
Wellnesshotel zwischen den Reben. Simonsvlei Road, Paarl-Franschhoek Valley. Tel. (021) 875 81 00
www.santewellness.co.za €€€
>> Preiskategorien €€€ auf S.109

# Der Zauber am En

**Fruchtbares Land nah am Meer, unter weitem Himmel:** Das lockte die holländischen Siedler, als sie vor 300 Jahren auf der heutigen **GARDEN ROUTE** eine neue Heimat suchten. Die Faszination ist geblieben. Das Herzstück der Straße von Kapstadt nach Swasiland bietet eine atemraubende Abfolge von Naturschönheiten. Fotograf **Obie Oberholzer** hat für MERIAN seine Eindrücke in Bilder gefasst

Acht lange Kilometer unberührter Sandstrand: Die ersten Sonnenstrahlen brechen sich in den Wellen vor dem Ort Wilderness. Paralle

# de der Welt

Im Meer verläuft die Seenkette „The Lakes"

Farben- und Formenpracht exzentrisch anmutender Hölzer: der Korallenbaum Erythrina caffra (l.) und die Palisanderart Dalbergia armata

Ein Abstecher von der Hauptroute führt zum Naturspektakel: Zusammenspiel von Wellen und Wolken am Strand von Nature's Valley

Das gelobte Land der ersten Kapholländer: Ausgedehnte Weiden erstrecken sich vor der Silhouette der Langeberg bei Riversdale

Hinter jeder Kurve zeigt die alte Route ein neues Gesicht: **DIE VIELFALT DER LANDSCHAFT** ist von fast verwirrender Schönheit

Wellblechhütte nahe Wilderness: Viele Menschen auf dem Land leben in Armut

**UNBERÜHRT IST DAS UMLAND DER BERÜHMTEN STRECKE** schon lange nicht mehr. Schotterpisten führen aufs Plateau oberhalb der Küstenlinie, auf dem **RIESIGE FARMEN** und kleine Orte liegen

Die Ruhe vor dem Sturm: Die Outeniekwaberge fangen die Regenwolken ab, für das Vorland bleibt so genug Wasser

Die schroffen **WÄNDE DER KÜSTENGEBIRGE**, der weite Ozean – bisweilen gleicht die Landschaft einem **BÜHNENBILD** von großer Dramatik

Ein Wall gegen die Wellen: Hinter dem schmalen Zugang zur Lagune von Knysna werden wilde Brecher zu stillen Wassern

MERIAN|TIPP Die sieben schönsten Naturparks entlang der Garden Route

## Zu Fuß durch die Wildnis

Die landschaftliche Schönheit zu beiden Seiten der berühmten Nationalstraße N 2 wird geschützt und gepflegt. Besucher sollten genug Zeit für Abstecher in die zahlreichen Naturparks einplanen. Dabei gehört festes Schuhwerk genauso ins Reisegepäck wie das Fernglas, denn in einigen Reservaten lässt sich die Vielfalt der afrikanischen Tierwelt sehr gut beobachten

Infotexte: Ann Kathrin Sost

Über Stock und Stein: Stege führen durch den Küstenurwald im Tsitsikamma-Nationalpark

### ❶ DE HOOP NATURE RESERVE
Ganz im Westen der Garden Route, 260 Kilometer von Kapstadt entfernt liegt das bei Wanderern, Mountainbikern aber auch Tierfans beliebte Reservat. **Schotterpisten führen durch 34 000 Hektar ursprüngliche Fynbos-Vegetation.**
De Hoop gilt als eines der schönsten und ursprünglichsten Schutzgebiete Südafrikas: kilometerlange Dünen, glasklares Wasser, unberührte Landschaft. Und eine artenreiche Tierwelt: **Antilopen, Buntböcke, Kap-Bergzebras, Paviane, Strauße und Leoparden leben hier.**
Unterkunft in Hütten verschiedener Kategorien oder im altem Farmhaus (Ou Huis) mit Selbstversorgung. Achtung: Kein Supermarkt in der Nähe, unbedingt sämtliche Lebensmittel mitbringen!
Tel. (028) 425 50 20
www.capenature.org.za

### ❷ OUTENIQUA NATURE RESERVE
Der imposante Bergzug im Hinterland der Garden Route ist seit 1813 durch den Cradock Pass in zwei Hälften geteilt. Einst war hier das Nadelöhr für die Siedler auf dem Weg ins Landesinnere. Temperaturstürze und Nebelbänke sind in den Outeniqua-Bergen keine Seltenheit, im Winter liegt auf den Gipfeln manchmal sogar Schnee. Sieben Stunden dauert der Aufstieg zum 1370 Meter hohen George Peak. Die **fantastische Aussicht auf die Kleinstadt George und die Küste bis Wilderness** lohnen den Muskelkater am nächsten Tag. Der Park ist nur für Tagesgäste geöffnet, Übernachtungsmöglichkeiten in George.
Tel. (044) 870 83 23/5
www.capenature.org.za

### ❸ WILDERNESS NATIONAL PARK
Fast alle Landschaftsformen entlang der Garden Route sind hier vertreten: Bergwald, Sumpf, Flusstäler, Brandungsküste – der Nationalpark ist Heimat von **Otter, Stachelschwein, Meerkatze, Mungo** und zahllosen Vogelarten. Ein hügeliger Dünengürtel trennt Seen und Lagunen vom Meer. Zum Baden, Angeln und Kanu fahren bietet der Park gute Gelegenheiten, außerdem führen sechs Wanderwege durch das 2500 Hektar große Areal. Beliebt ist das Gebiet auch bei Gleitschirmfliegern: Ein konstanter Wind von der Küste hebt die Paraglider in die Höhe. Es gibt Hütten und Camping für Selbstversorger, Restaurants in Wilderness.
Tel. (012) 428 91 11
www.sanparks.org/parks/wilderness

### ❹ KNYSNA NATIONAL LAKE AREA
Knysna gilt als heimliche Hauptstadt an der Garden Route – der gleichnamige Naturpark ist nicht der naturbelassenste, aber immer noch einer der spektakulärsten der Region. Die Salzmarschen und Sandbänke beheimaten mehr als **280 verschiedene Vogelarten** – und das **Knysna-Seepferdchen**. Angeboten werden Bootsfahrten über die breite, flache Flussmündung, die wie eine Lagune aussieht. Mit anschließender Aussicht vom östlichen der zwei „Knysna Heads", die an dem schmalen Meerzugang wie zwei Wächter positioniert sind. Knysna gehört zu den beliebtesten Reisezielen des Landes, deshalb besser außerhalb der Hauptreisezeiten (November bis März) besuchen! Leider wirkt sich der Touristenansturm auf das Schutzgebiet aus, das zunehmend verbaut wird. Zahlreiche Übernachtungsmöglichkeiten in Knysna, keine im Park.
Tel. (044) 382 20 95
www.sanparks.org/parks/knysna

### ❺ ROBBERG NATURE AND MARINE RESERVE
Zehn Kilometer südlich von Plettenberg Bay, auf einer schmalen felsigen Halbinsel vor offenem Meer gelegen. Das Naturschutzgebiet umschließt Sandsteinklippen, leuchtende Dünen und feinglie-

Mit den Füßen fast im Wasser: Klettern knapp über dem Meeresspiegel auf dem Harkerville Trail bei Plettenberg Bay

# Kriegs- und Liebeslust für nur € 4,95.

Lesen Sie die Biografien 12 herausragender Persönlichkeiten – ausgewählt von der FOCUS Kultur-Redaktion. Erfahren Sie alles über ihr Leben, ihre Zeit und ihre zukunftsprägende Kraft. Sichern Sie sich die FOCUS Edition „Menschen, die Zukunft gemacht haben" **ab sofort im Buchhandel** für nur € 4,95 pro Ausgabe. Oder **bestellen Sie gleich jetzt** alle 12 Bände zum Vorteilspreis und **sparen Sie** € 9,45 gegenüber dem Einzelkauf. Für Abonnenten ist der Versand der Gesamt-Edition kostenfrei.

**Jetzt bestellen: 12 Bände für nur € 49,95.**
Tel. 0180 5 160 800-21     www.focus.de/edition

Nur 12 Cent/Minute aus dem Festnetz der Dt. Telekom

# MERIAN|TIPP Die schönsten Naturparks entlang der Garden Route

drige Fynbos-Wälder. Auch das umgebende Küstengewässer ist Teil des Reservats und Heimat von **Walen, Delfinen** und **Pelzrobben**: Die Robbenkolonie lässt sich von den hohen Klippen über dem Meer gut beobachten. Drei unterschiedlich lange Rundwege führen durch das verhältnismäßig kleine Gebiet, dabei bieten sich spektakuläre Ausblicke über den Indischen Ozean und in die Bucht von Plettenberg. Auch der Harkerville-Rundwanderweg in unmittelbarer Nähe des Reservats ist attraktiv. Wichtig: Unbedingt genügend Wasser, feste Wanderschuhe und windfeste Kleidung mitnehmen! Das Wetter schlägt wegen der exponierten Lage der Halbinsel schneller um als in anderen Naturparks.
Tel. (044) 533 21 25
www.capenature.org.za

### ❻ MONKEYLAND
Eine Mischung aus Naturreservat und begehbarem **Affengehege**, in einem recht ursprünglichen Bergwald mit 30 bis 40 Meter hohen Bäumen, wuchernden Farnen und Büschen gelegen. 16 verschiedene Primatenarten leben in dem Schutzgebiet. Ausgebildete Guides führen durch den Wald, auch über eine 128 Meter lange Hängebrücke auf Baumwipfelhöhe. Einige Affen sind noch nicht ganz ausgewildert: Besucher müssen damit rechnen, mit Obst beworfen oder aus allernächster Nähe inspiziert zu werden. Vom Menschen ausgehende Kontaktaufnahme mit den Tieren ist aber streng verboten.
In einem abgegrenzten Waldgebiet befindet sich „Birds of Eden", ein mehr als zwei Hektar großes Fluggehege voller Vögel, darunter seltene **Papageienarten** und **Flamingos**. Übernachtungen im Park sind nicht möglich, in und um Plettenberg gibt es aber viele B&Bs.
Tel. (044) 534 89 06
www.monkeyland.co.za

Auf den ersten Metern des Otter Trails: Hängebrücke über der Mündung des Storms River

### ❼ TSITSIKAMMA NATIONAL PARK
Tsitsikamma heißt übersetzt „Ort, an dem es Wasser im Überfluss gibt". 1964 wurde der Küstenurwald mit seinen Lagunen, steilen Flusstälern und noch steileren Klippen unter Schutz gestellt. Draußen im Meer tummeln sich von Juli bis Anfang Dezember **Wale**, für Taucher und Schnorchler sind die ruhigen Flussmündungen ohne Wellengang ideal. Wer wilde Wasser scheut, fährt mit dem Boot „Spirit of Tsitsikamma" hinauf in die Schlucht des Storms River. Im Wald können Sie **Wildkatzen, Stachelschweine, Paviane, Mungos** und **Kormorane** beobachten, am besten während einer Tour auf dem schönsten Wanderweg Südafrikas, dem Otter Trail (5-Tage-Wanderung, Übernachtung in Hütten, bis zu einem Jahr im Voraus buchen!). Der Trail endet in Nature's Valley, einem kleinen Küstenort im Nationalpark mit vielen B&Bs und einem endlos wirkenden Strand. In der Hauptreisezeit ist Tsitsikamma oft überlaufen. Übernachtung: Hütten für Selbstversorger, Camping, B&Bs.
Tel. (012) 428 91 11
www.sanparks.org/parks/tsitsikamma

## INFORMATIONEN UND BUCHUNG

### SOUTH AFRICAN NATIONAL PARKS
Buchungen für die meisten Nationalparks wie Tsitsikamma oder Knysna.
643 Leyds St., Muckleneuk, Pretoria
Tel. (012) 428 91 11
www.sanparks.org

### CAPE NATURE
Infos über 25 Reservate im Western Cape.
Belmont Park, Belmont Rd., Rondebosch, Tel. (021) 426 07 23
www.capenature.org.za

*Obie Oberholzer, geboren in Pretoria, absolvierte die Fotoschule in München und lebt in Grahamstown östlich von Port Elizabeth, wo er 18 Jahre als Universitätsdozent arbeitete. Seit vielen Jahren fotografiert er für internationale Magazine und ist bekannt für seine starke und immer wieder neue Interpretation Südafrikas.*

Anfang und Ende der Garden Route sind nicht klar definiert. Als ihr Kernstück gilt die Strecke zwischen Mossel Bay und Storms River, aber auch die Fahrt weiter gen Westen führt durch spektakuläre Natur

96 MERIAN www.merian.de

# MERIAN SHOP
# BESTELLEN SIE JETZT!

Genießen Sie 50 große Romane und Klassiker des 20. Jahrhunderts – von Milan Kunderas genialem Roman „Die unerträgliche Leichtigkeit des Seins" über William Faulkners „Die Freistatt" bis Italo Calvinos „Wenn ein Reisender in einer Winternacht"! Bestellen Sie diese einzigartige Edition zum Sonderpreis von 196 Euro.

**TOP-ANGEBOT!**

**Süddeutsche Zeitung | Bibliothek**
**im Gesamtpaket: 50 große Romane des 20. Jahrhunderts.** Ausgewählt und zusammengestellt von der Feuilletonredaktion der renommierten Süddeutschen Zeitung. Exklusive Hardcover-Ausgaben im Schutzumschlag zu einem unschlagbaren Preis. Sichern Sie sich jetzt alle 50 Bände der begehrten und bereits an vielen Stellen ausverkauften SZ-Bibliothek im Gesamtpaket.

**MERIAN live!**
**Südafrika**
MERIAN zeigt Ihnen die Highlights: Das Kap der guten Hoffnung, Kapstadt und den Krüger Nationalpark. Die schönsten Ausflüge und Wanderungen. Mit praktischem Tourenplaner, großem Kartenatlas, Klima- und Entfernungstabelle. 192 Seiten, 100 Fotos, Preis: 10,95 Euro.

**MERIAN scout**
**Deutschland 2006/2007 DX Executive**
Ein Highlight für Genießer auf der neuen Deutschland CD sind die Empfehlungen aus dem Magazin DER FEINSCHMECKER. Man kann sich vor der Reise im Merian guide passende Hotels heraussuchen und mit dem Navigationsgerät direkt anfahren. Preis: 179 Euro

**MERIAN guide**
**Nobelmarken zu Schnäppchenpreisen**
Die 150 besten Outlet-Center in Deutschland und Europa. Neu überarbeitet für 2007/2008. Der Shopping Guide für Clevere – warum mehr bezahlen als unbedingt nötig? Mit zahlreichen Hotel- und Restauranttipps. 256 Seiten, 180 Fotos Preis: 12,90 Euro

| MERIAN | live! | classic | guide | kompass | scout |

**WEITERE ANGEBOTE DER MERIAN FAMILY**
**WWW.MERIAN.DE/SHOP**

# MERIAN VON A–Z ZUM BESTELLEN

- **Ä**gypten
- Amsterdam
- Andalusien
- Athen
- Australien

- **B**aden-Württemberg*
- Bali

- Baltikum
- Barcelona
- Berlin
- Bonn*
- Brasilien
- Braunschweig*
- Budapest
- Burma

- **C**hicago
- Côte d'Azur
- Chile und Patagonien
- China: Peking und der Norden

- **D**eutschland*
- Dominikanische Republik
- Dresden

- Dubai
- **E**lsass
- Essen*

- Emilia-Romagna

- **F**innland
- Florenz
- Florida
- Frankfurt
- Französische Atlantikküste

- **G**ardasee und Oberitalien
- Große Ferien*
- Griechenland*

- **H**amburg
- Harz
- Hongkong

- **I**rland
- Island

- Istanbul
- Italien**

- **J**apan
- Jerusalem

- **K**alifornien
- Kanalinseln
- Kanar. Inseln
- Kapstadt
- Karlsruhe*
- Köln
- Kopenhagen

- Krakau
- Kreta
- Kroatien
- Kuba

- **L**eipzig
- Ligurien
- Lissabon
- Die Loire
- London

- **M**adrid
- Mallorca
- Marokko
- Masuren
- Mauritius und Réunion
- Malta
- Meckl. Vorp.
- Mexiko
- Mongolei

- MS Europa*
- München
- Münsterland
- **N**amibia
- Neapel und die Amalfiküste
- Neuseeland
- New York
- Wasserreich Niedersachsen*

- **O**berbayern
- Osnabrück und Osnabrücker Land*

- **P**aris
- Piemont / Turin
- Portugal
- Prag
- Provence

- **R**ocky Mountains

- Rom
- Das neue Ruhrgebiet*

- **S**alzburg und das Salzburger Land
- Sardinien
- Schottland
- Schweden
- Schweiz
- Shanghai
- Sizilien
- Slowenien
- Spaniens Norden
- St. Petersburg
- Steiermark
- Südafrika
- Südtirol

- Sylt
- Syrien·Libanon
- **T**essin
- Thailand
- Thüringen
- Tirol
- Toskana
- Türkische Südküste
- Traumstraßen*

- **U**mbrien und die Marken
- USA: Der Süden

- **V**enedig
- Vietnam – Laos –

Kambodscha
- **W**eimar
- Autostadt Wolfsburg*

- **Z**ürich
- Zypern

MERIAN Ausgaben erhalten Sie für 7,50 Euro, die MERAIN Extra-Ausgaben für * 5,– bzw. ** 7,50 Euro

MERIAN ist das Synonym für Reisen und Kultur auf höchstem Niveau. Wertvolle Tipps und detailgetreue Kartographie erleichtern Ihre Reiseplanung und geben neue Ideen und Ziele.

Nutzen Sie auch den bequemen Bestellservice unter Telefon 040/87973540 oder www.merian.de/shop

# MERIAN
### Die Lust am Reisen

"Die Landschaft ist so schön, dass du am liebsten die ganze Zeit laut lachen möchtest", hatte Gerrit Karsten versprochen, bevor wir uns auf den Weg zum Wolfberg Arch machten. Der Besitzer des einfachen Gästehauses am Rande der Cederberge hatte recht: Wir steigen mit ein paar Scherzen und beglückt von der grandiosen Aussicht den steilen Berg hinauf; bezwingen mithilfe vieler Räuberleitern die Wolfberg Cracks, einen engen Canyon voller herabgestürzter Felsen, laufen dann eine gute Stunde über ein Plateau, das voller seltsamer Felsformationen ist.

Und nun sitzen wir erschöpft und glücklich unter dem Wolfberg Arch, einem gut 15 Meter hohen, natürlichen Triumphbogen, der – geformt von Zeit und Wetter, gemalt in allen Kupfertönen – bei den Urvölkern als magischer Ort galt. Ein Göttertor. Wir blinzeln in die glitzernde Nachmittagssonne und entdecken immer neue Figuren im Gestein.

Die Cederberge liegen nur drei Autostunden von Kapstadt entfernt und werden als Ausflugsziel oft unterschätzt. Dabei beginnt hier so nahe der Metropole eine andere Welt: 71 000 Hektar umfasst das Naturschutzgebiet, zu Urzeiten war hier Meer, später grub das Wasser Höhlen und Löcher in den weichen Stein, Hitze und Kälte taten ein Übriges, um die bizarr geformten Felsen zu schaffen. Die endemische Clanwilliam-Zeder, nach der der Gebirgszug benannt ist, wächst hier kaum noch – bis 1973, als die Region zur geschützten

Für die Ureinwohner war der 15 Meter hohe Wolfberg Arch ein magischer Ort. Heute ist er Ziel von Wanderern, die auf gut vernetzten Wegen die Wildnis der Cederberge entdecken

100 MERIAN www.merian.de

Das Rätsel der „Bushmen Paintings": Hunderte von Felszeichnungen wurden bislang gefunden, manche einige tausend Jahre alt. Häufig finden sich darunter Abbilder der Elenantilope. Ihre Bedeutung wurde bis heute nicht entschlüsselt

# Der Schatz der verlorenen Jäger

In der Cederberg-Region haben Wind und Wasser bizarre Giganten aus Sandstein geformt. Ureinwohner hinterließen hier seit Jahrtausenden ihre Spuren. Es ist ein Abenteuer, ihnen heute zu folgen

Text: Ann Kathrin Sost

Wildnis erklärt wurde, hatte man sie als Nutzholz für Telefonmasten und Brennstoff geschlagen. Die Schönheit der Landschaft zu erfassen, fordert Mühe. Zwischen den Highlights liegen meist viele Kilometer Schotterpiste. Und Wanderungen im glutheißen Sommer oder frostkalten Winter, etwa auf den 2027 Meter hohen Sneeuberg („Schneeberg"), verlangen Kondition.

**M**it Glück und Geduld sind Tiere zu entdecken: Klippschliefer etwa, kaninchengroß, den Murmeltieren ähnlich, aber kurioserweise nahe mit den Elefanten verwandt, hüpfen von ihren Schlafbäumen und verschwinden in Felsritzen. Ein Rudel grau-weißer, graziöser Rehantilopen frisst Gras und Laub. Und die zierlichen Klippspringer, Verwandte der Antilopen, hüpfen wie kleine Ballerinen von Felskante zu Felskante. Von den scheuen Leoparden finden sich höchstens die Kratzer der Krallen an den wenigen Bäumen.

Auf dem Rückweg wartet Gerrit unten vor seinem selbst gebauten Häuschen. „Ist das Leben nicht schön, Mann?" brüllt er, gewandet in einen leuchtend gelben Trainingsanzug, als wolle er der Sonne Konkurrenz machen. Es ist sein alltäglicher Schlachtruf. Beim Kaffee werden Wanderungen diskutiert – zum Malteserkreuz etwa, einer neun Meter hohen Skulptur, oder in die Stadsaal-Höhlen mit ihren Felszeichnungen von Elefanten, die es einst hier gegeben hat. Am Abend, nach dem Eintopf *potjiekos*, geht der Blick nach oben in die Sterne. Die Milchstraße glitzert so hell, als sei sie ein gutes Stück näher gerückt.

„Die Cederberge machen etwas mit dir. Sie verändern dich auf eine gute Art", behauptet Gerrit. Sie sind ein Ort zum Geschichtenerzählen und zum Philosophieren über Vergangenes wie Zukünftiges, weil ihre Stille und ihre herbe Schönheit die Seele beruhigen. Immer ist auch ein wenig Wehmut dabei, denn die zahllosen kleinen Höhlen und Felsüberhänge erinnern an die Geschichte jener frühen Bewohner, deren Kultur verloren gegangen ist: Viele hundert Zeichnungen der Ureinwohner Südafrikas gibt es in den Cederbergen, und längst sind nicht alle entdeckt. Vielleicht schon vor 6000 Jahren zeichneten Jäger und Sammler hier Bilder auf den Fels. Die Buren nannten sie *Bosjemans*, Buschmänner, heute werden sie *San* genannt, nach einem eher abschätzigen Begriff aus einer Sprache der verwandten Khoikhoi. Die Nomaden selbst haben sich nie einen gemeinsamen Namen gegeben.

**D**avid van der Westhuizen, Experte für die Kunst des namenlosen Volkes, hockt in einer kleinen Höhle. Hinter ihm rötliche, in die Länge gezogene Figuren, daneben Abbilder majestätischer Elenantilopen, in filigranen Linien auf die raue Gesteinsoberfläche gezeichnet. Der 26-Jährige, der in einem Township nahe den Bergen aufwuchs und heute die Geschichte der Region zu bewahren sucht, beginnt zu erzählen. Vom Fangheuschreck, der in den Fabeln der *San* die Elenantilope schuf und so liebte, dass er sie jeden Tag besuchte und mit Honig einrieb. Von dessen eifersüchtiger Frau, der Klippschlieferin, die das Tier von Mangusten töten ließ: für die *San* war dies der Beginn ihres Jägerlebens, in dem die Elenantilope die Hauptrolle spielte.

Doch warum zeichneten die Ureinwohner über Jahrtausende? Waren es Schamanen, die ihre Erfahrungen in Trance darstellten – wie einige Wissenschaftler glauben? Sind sie eine Darstellung der Werte und Weltsicht für spätere Generationen – wie eine andere Theorie lautet? Es gibt keine

## Felsdächer dienten den San als Schutz

Extreme Temperaturschwankungen und Erosion formten Höhlen in das Gestein: die Wolfberg Cracks im Süden der Bergkette nahe Matjiesrivier

gültige Antwort, die *San* und ihre Kultur sind von den Kolonialherren fast vollständig vernichtet worden – im 19. Jahrhundert wurden systematische Treibjagden auf „Buschmänner" organisiert. Selbst die rund 1000 Khomani-*San*, die in der Kalahari den traditionellen Lebensstil wieder aufzunehmen versuchen, wissen wenig von der Kunst ihrer Vorfahren. Die allerletzten der ersten Menschen Südafrikas kämpfen vor allem ums Überleben.

Am nächsten Tag noch ein Ausflug in die Geschichte. Wupperthal, 1830 von Schuster Leipoldt und Baron von Wurmb gegründet, ist heute in der Hand der Herrnhuter Brüdergemeine. Der Fluss Tra-Tra in dem abgeschiedenen Tal auf der Ostseite der Cederberge erinnerte die beiden Herren von der Rheinischen Mission einst an die Wupper. Der Weg dahin muss für sie äußerst beschwerlich gewesen sein, noch heute hat der Reisende drei Bergpässe mit mehr als 70 Kilometern Schotterpiste zu überwinden, nach denen Wupperthal tatsächlich wie eine göttliche Erscheinung wirkt: eine Oase mit reet-gedeckten, weißen Häuschen im kapholländischen Stil.

Nolene Sodom, die Dame der Touristeninformation, sitzt in einem winzigen Verschlag und lacht, weil die Sonne scheint, weil Besuch kommt, einfach so. Oder etwa, weil laut dem uralten Missionsstatut Bitterkeit hier verboten ist? Sie lacht noch mehr: „Auch Alkohol und Magie sind offiziell nicht erlaubt." Und wird dann doch ernst: „Aber kaum einer hält sich daran."

Wupperthal ist einer jener Orte, die das Herz hüpfen und zugleich schwer werden lassen, weil er so schön und so deprimierend zugleich ist. Denn jenseits von Nolenes Lachen und der idyllischen Szenerie ist das Dorf längst kein Garten Eden mehr: die Jugend fortgezogen, die Alten arbeitslos, die berühmte Schuhwerkstatt für *Veldskoene* beschäftigt statt 130 gerade noch fünf Leute.

Nur an Ostern und Weihnachten ist es wieder da, dieses Gemeinschaftsgefühl der Mission. Von überall kommen dann die Söhne und Töchter – aus Kapstadt, aus Johannesburg. Alle zusammen steigen sie auf den Sandkop, einen Hügel, von dem aus der Blick auf die umliegenden Berge und das Tal geht. Hier oben sitzen sie dann auf den Felsen, aufgereiht wie in Kirchenbänken, und singen aus voller Brust.

Zurück über die Piste, eine endlose Übung im Geländefahren mit Zweiradantrieb. Es naht der Abschied von Gerrit, der Pfeiferauchend vor der Tür steht, sein 46-jähriges Gesicht verwittert wie der Sandstein der Cederberge. Früher ist er mit seinen Gästen gewandert, galt als der beste Bergführer. Seine Arthrose macht ihm heute das Laufen schwer. Aber er lacht, klopft reihum auf Schultern: „Im Leben geht's um die Möglichkeiten, Mann!" Später, die Sonne lässt ihre Strahlen hinter den Bergen verschwinden, verrät Gerrit seinen Traum: „Der Tag, an dem mein Sohn losziehen kann, um meine Gäste die Berge hinauf zu bringen." Noch einmal zieht er an seiner Pfeife. „Das wird der Tag meines Lebens sein." □

**Ann Kathrin Sost**, *Berlinerin, hat zwei Jahre als freie Korrespondentin aus dem südlichen Afrika berichtet.*

---

## MERIAN|TIPPS Ausflug in die Cederberg Wilderness Area

### ÜBER NACHT
**Bushmans Kloof**
Fünf-Sterne-Unterkunft im Naturreservat. Hier gibt es die schönsten Felszeichnungen (nur für Gäste zugänglich). Auf dem 7500 ha großen Areal leben Kap-Bergzebras und Elenantilopen. 47 km hinter Clanwilliam, Richtung Wupperthal. Tel. (021) 797 09 90 www.bushmanskloof.co.za €€€ (inkl. Mahlzeiten)

**Karukareb**
Übernachtung in Safarizelten am Ende eines einsamen Tals. Gelegenheit zum Reiten, Wandern, Mountainbiken. Hervorragendes Essen. 13 km außerhalb Clanwilliams. Tel. (027) 482 16 75 www.karukareb.co.za €€ (Vollpension)

**Love and Grace/Palmhuis**
Self-Catering in kapholländischen Häusern inmitten der Mission mit Schlaf- und Wohnzimmer, Küche, Veranda. Buchung über Wupperthal Tourism, Die Werf/ Church Square Wupperthal, Tel. (027) 492 34 10, www.tourism wupperthal.co.za, €

**Cederberg Oasis**
Einfache, aber charmante Unterkunft. Garten, Pool, Frühstück, Abendessen. Besitzer Gerrit Karsten kennt und liebt die Berge. 28 km hinter Citrusdal Richtung Algeria, dann 64 km Richtung Ceres. Tel. (027) 482 28 19, www.cederberg oasis.co.za, €€

### RESTAURANTS
**Reinhold's Restaurant**
Beste Steaks, beliebt bei Einheimischen. Reservieren! Gegenüber von Strassberger's Hotel, Main St, Clanwilliam Tel. (027) 482 11 01, €

**MacGregor's Restaurant**
Fein speisen, und danach ins Jacuzzi oder in die 43 Grad warme Quelle! Im Resort „The Baths", 16 km von Citrusdal entfernt. Tel. (022) 921 80 33; Bad 4-7 €

### EINKAUFEN
**Living Landscape Craft Shop**
Kunst nach Art der San: Ledertaschen, Schmuck, Bilder, Decken. 18 Park St, Clanwilliam Tel. (027) 482 19 11 Mo-Fr 8-16, Sa 9-12 Uhr

**Cederberg-Wein**
Die Niewoudts bauen in fünfter Generation Wein in mehr als 1000 Meter Höhe an, ausgezeichneten Cabernet Sauvignon. 28 km hinter Citrusdal rechts ab Richtung Algeria 46 km bis Dwarsrivier. Tel. (027) 482 28 27 www.cederbergwine.com

### AKTIVITÄTEN
**Wandern**
Die Anzahl der Wanderer im Schutzgebiet ist beschränkt, daher möglichst früh anmelden! Tel. (022) 931 20 88 bduplessis@capenature.co.za 3-9 € Die bekanntesten Wanderungen führen Richtung Algeria und Kromrivier. Der ca. siebenstündige Weg zum Wolfberg Arch erfordert Fitness. Unbedingt Wasser mitnehmen!

**Sevilla Rock Art Trail**
Vier-Kilometer-Rundweg zu neun Höhlen mit Felszeichnungen, u.a. einer dinosaurierähnlichen Figur und einem Bogenschützen. Neben Gästehaus „Traveller's Rest", 34 km hinter Clanwilliam. Wanderlizenz gegen Gebühr im Gästehaus bei Frau Haffie Strauss, Tel. (027) 482 18 24

**Warmhoek Rock Art Trail**
David van der Westhuizen zeigt und erklärt Felsmalereien auf einem Farmgelände. Buchung: Clanwilliam Living Landscape Project 18 Park St, Clanwilliam Tel. (027) 482 19 11; 10 €

>> weitere Tipps unter: www.khwattu.org/tourist_theatre.asp   >> Preiskategorien (€€€) auf S. 109

www.focus.de

**Jede Woche Leckerbissen für Wissenshungrige**

Das Neueste aus der Forschung.   Das Spannendste aus der Wissenschaft.   Das Beste aus der Techni

## Bildnachweis

Anordnung im Layout:
o=oben, u=unten, r=rechts, l=links, m=Mitte.
Titel: Clemens Emmler/laif; S. 3 ol Michael Müller, or Dorothée von der Osten, m Gerald Hänel, u Obie Oberholzer; S. 4/5 The Hoberman Collection; S. 4 m iphotographic, u G. Hänel; S. 5 mr G. Hänel, ul O. Oberholzer, ur Cloete Breytenbach; S. 6 o Louise Gubb/Corbis, m Ralf Kiefner, u Hartmuth Friedrichsmeier; S. 8 ol + or dk images, m J.&C. Sohns/Arco Images, u Hendrik Holler, S. 10 o C. Emmler/laif, m JALAG- Syndication, u Nic Botma/epa/dpa; S. 14/15 C. Emmler/laif; S. 16/17 Jan Greune/Look; S. 18/19 Frans Lanting, S. 20 G. Hänel; S. 21 Gernot Huber/laif; S. 22/23 C. Emmler/laif; S. 24/25 G. Hänel; S. 26/27 Paul Stewart; S. 28-40 G. Hänel; S. 40 Rajesh Jantilal/AfricanPictures; S. 44-49 G. Hänel; S. 50 Gerald Hoberman; S. 52 G. Hänel; S. 54 PR; S. 56/57 Till Leeser/Bilderberg; S. 58 ol Christian Heeb/laif; or G. Hänel; S. 58/59 C. Emmler/laif; S. 59 o Branko de Lang/Bilderberg; S. 62 ol Franz Marc Frei, or Frans Lanting, m Cristina Pedrazzini/Science Photo Library/Ag. Focus, ul Arco Images/Alamy, ur + 64 G. Hänel; S. 69 The Hoberman Collection; S. 70-77 C. Breytenbach; S. 78/79 Jon Hicks/Corbis; S. 80 iphotographic; S. 81 o B. de Lang/Bilderberg, u + S. 82 C. Emmler/laif; S. 83 o Westend61/Mauritius, u Owen Franken/Corbis; S. 84 O. Oberholzer; S. 85 Hendrik Holler; S. 86-96 O. Oberholzer; S. 100/101 Chanan Weiss /ImagesOfAfrica ,u Owen Middleton/ImagesOfAfrica; S. 102 ul Chanan Weiss /ImagesOfAfrica; S. 108-112 G. Hänel; S. 114 Per Anders Petersson/Ag. Focus; S. 115-117 G. Hänel; S. 118/119 C. Emmler/laif; S. 120 pictures colourlibrary.com/Alamy; S. 122 G. Hänel; S. 126 Clemens Emmler/laif; S. 127/128 Planetobserver.com M-sat; S. 129 l Alain Proust, r The Argus; S. 138 l G. Hänel, or Conrad Piepenburg, ur G. Hänel

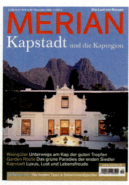

Clemens Emmler fotografierte das Luxushotel Lanzerac im Weinbauort Stellenbosch

# MERIAN

Heft 12/2006, Dezember, Erstverkaufstag dieser Ausgabe ist der 16. 11. 2006
**MERIAN erscheint monatlich** im Jahreszeiten Verlag GmbH, Poßmoorweg 5, 22301 Hamburg
Tel. 040/27 17-26 00, Fax 040/27 17-26 28 **Anschrift der Redaktion:** Poßmoorweg 2, 22301 Hamburg
Postfach 130444, 20139 Hamburg, E-Mail: Redaktion@Merian.de, Tel. 040/27 17-0
**Website:** www.merian.de **Leserservice:** Postfach 601220, 22212 Hamburg
Tel. 040/87 97 35 40, Fax 040/27 17-20 79 **Syndication:** www.jalag-syndication.de
**GourmetPictureGuide:** Stefanie Lüken, Tel. 040/271 720 02, Fax 040/27 17 20 89, www.gourmetpictureguide.de

**Herausgeber:** Manfred Bissinger
**Chefredakteur:** Andreas Hallaschka
**Art Directorin:** Sabine Lehmann **Chefs vom Dienst:** Tibor M. Ridegh, Klaus Kube (freie Mitarbeit)
**Redakteure:** Roland Benn (freie Mitarbeit), Anja Haegele (freie Mitarbeit), Thorsten Kolle (freie Mitarbeit), Kathrin Sander, Charlotte von Saurma **Schlussredaktion:** Tibor M. Ridegh, Jasmin Wolf
**Layout:** Cornelia Böhling, Ingrid Koltermann, Dorothee Schweizer (stellv. Art Directorin)
**Bildredaktion:** Hanni Rapp, Eva M. Ohms, Lars Lindemann (freie Mitarbeit)
**Redakteurin dieses Heftes:** Charlotte von Saurma **Bildredakteur dieses Heftes:** Lars Lindemann
**Kartographie:** Peter Münch **Dokumentation:** Jasmin Wolf, Sebastian Schulin (freie Mitarbeit), Andrea Wolf (freie Mitarbeit)
**Mitarbeit:** Jan Biener, Helmut Golinger, Melanie Jahr, Beke Jürgensen, Judith Steingiesser
**Herstellung:** Karin Harder **Redaktionsassistenz:** Sabine Birnbach, Katrin Eggers
**Geschäftsführung Premium Magazine:** Peter Rensmann **Verlagsleitung Premium Magazine:** Oliver Voß
**Group Head Anzeigen Premium Magazine:** Roberto Sprengel **Anzeigenleitung:** Christel Janßen
**Anzeigenstruktur:** Patricia Hoffnauer **Marketing:** Kenny Machaczek, Ulrich Rieger, Sonja Wünkhaus
**Vertriebsleitung:** Jörg-Michael Westerkamp (Zeitschriftenhandel), Uwe Distelrath (Buchhandel)
**Verantwortlich für den redaktionellen Inhalt:** Andreas Hallaschka
**Verantwortlich für Anzeigen:** Roberto Sprengel
**Verlagsbüros Inland:**
Hamburg: Tel. 040/27 17-25 95, Fax -25 20, E-Mail: vb-hamburg@jalag.de
Berlin: Tel. 030/80 96 23-60, Fax -70, E-Mail: vb-berlin@jalag.de
Hannover: Tel. 0511/85 61 42-0, Fax -19, E-Mail: vb-hannover@jalag.de
Düsseldorf: Tel. 0211/901 90-0, Fax -19, E-Mail: vb-duesseldorf@jalag.de
Frankfurt: Tel. 069/97 06 11-0, Fax -44, E-Mail: vb-frankfurt@jalag.de
Stuttgart: Tel. 0711/966 66-520, Fax -22, E-Mail: vb-stuttgart@jalag.de
München: Tel. 089/99 73 89-30, Fax -44, E-Mail: vb-muenchen@jalag.de

**Repräsentanzen Ausland:**
Basel: Intermag AG, Tel. +4161/275 46-09, Fax -10, E-Mail: info@intermag.ch
London: The Powers Turner Group, Tel. +44 20/7630 99 66 Fax 76 30 99 22, E-Mail: cweiss@publicitas.com
Mailand: Media & Service International Srl, Tel. +39 02/48 00 61 93, Fax 48 19 32 74, E-Mail: info@it-mediaservice.com
Paris: International Magazine Company, Tel. +331/53 64 88 91, Fax 45 00 25 81, E-Mail: imc@international.fr
Madrid: Alcála Media International Media Representation, Tel. +34 91/326 91 06, Fax -07, E-Mail: alcalamedia@retemail.es
Wien: Publimedia Internationale Verlagsvertretungen GmbH, Tel. +43 1/21530, Fax 2121602, E-Mail: ppn-vienna@publicitas.com
New York: The Russell Group Ltd., Tel. +12 12/213 11-55, Fax -60, E-Mail: info@russellgroupltd.com

Die Premium Magazin Gruppe im Jahreszeiten Verlag

Gültige Anzeigenpreisliste: Nr. 38
Das vorliegende Heft Dezember 2006 ist die 12. Nummer des 59. Jahrgangs. Diese Zeitschrift und die einzelnen Beiträge und Abbildungen sind urheberrechtlich geschützt. Jede Verwertung außerhalb der engen Grenzen des Urheberrechtsgesetzes bedarf der Zustimmung des Verlages. Keine Haftung für unverlangt eingesandte Manuskripte und Fotos. Preis im Abonnement im Inland monatlich 6,37 € inklusive Zustellung frei Haus. Der Bezugspreis enthält 7 % Mehrwertsteuer. Auslandspreise auf Nachfrage. Postgirokonto Hamburg 132 58 42 01 (BLZ 200 100 20)
Commerzbank AG, Hamburg, Konto-Nr. 611657800 (BLZ 200 400 00)
Führen in Lesemappen nur mit Genehmigung des Verlages. Printed in Germany

Weitere Titel im Jahreszeiten Verlag: Für Sie, petra, vital, PRINZ, A&W Architektur & Wohnen, COUNTRY, DER FEINSCHMECKER, WEINGourmet, schöner reisen, ZUHAUSE WOHNEN, selber machen
Litho: Alphabeta Druckformdienst GmbH, Hamburg. Druck und Verarbeitung: heckel GmbH, Nürnberg.
ISBN: 978-3-8342-0612-1, ISSN 0026-0029 MERIAN (USPS No. 011-458) is published monthly.
The subscription price for the USA is $ 110 per annum. KlausO.P.: German Language Publications, Inc., 153 South Dean Street, Englewood NJ 07631. Periodicals postage is paid at Englewood NJ 07631, and at additional mailing offices. Postmaster: send address changes to: MERIAN, German Language Publications, Inc. 153 South Dean Street, Englewood NJ 07631.

Ein Unternehmen der
GANSKE VERLAGSGRUPPE

TEXTE **Corinna Arndt, Jan Biener** REDAKTIONSSCHLUSS Oktober 2006

**REISE** SERVICE

# MERIAN

SEHENSWERT KULTUR ESSEN+TRINKEN ÜBER NACHT LITERATUR AKTIV GESCHICHTE

**TOP TIPPS** Was Sie an der Südspitze Afrikas auf keinen Fall versäumen sollten:

✱ **Tafelberg** Senkrechte Felswände, endlose Aussicht – zu Fuß oder per Seilbahn auf den 1086 Meter hohen Gipfel: Kapstadts Höhepunkt. Mit der Gondel in sechs Minuten zu erreichen!

✱ **Long Street** Historische Häuser mit gusseisernen Balkonen, Shops, Cafés, Kitsch und Kunst: Die 1,5 Kilometer lange Straße ist Kapstadts Lebensader.

✱ **Chapman's Peak Drive** Eine der spektakulärsten Küstenstrecken der Welt. Ist sie gesperrt, liegt es wahrscheinlich daran, dass hier ein Film gedreht wird.

✱ **Cape Point** Der Ausblick auf zerklüftete Klippen, menschenleere Buchten und das tosende Meer ist berauschend, der Spaziergang hinüber zum Kap der Guten Hoffnung ein Muss.

✱ **Hermanus** Zwischen Juli und Dezember kommen viele Glatt- und Buckelwale in die Walker Bay, manche bis zu 50 Meter dicht an das Ufer heran.

✱ **Garden Route** Bezaubernde Strände, verwunschene Flussläufe und idyllische Städte. Nicht wirklich Afrika, sagen die Einheimischen, trotzdem ein Traumziel.

✱ **Robben Island** Die Gefängnisinsel in der Table Bay ist das Symbol des Siegs über die Apartheid. Ehemalige Häftlinge führen Besucher über die Insel, die zudem ein Naturparadies ist.

✱ **Swartbergpass** Die R 328 von Oudtshoorn über Prince Albert zur N1 führt über eine canyonartige wildschöne Strecke, die garantiert Herzklopfen macht.

**Strahlende Metropole:** Kapstadt kurz nach Sonnenuntergang von Robben Island aus gesehen. Dazwischen liegen 10 Kilometer eiskalter Atlantischer Ozean

www.merian.de MERIAN 107

## INFO KAPSTADT

### MERIAN | KIRSTENBOSCH
# Blühende Arche Noah
#### Kapstadts Botanischer Garten ist weltberühmt

Alte Männer verlieren ihre Haare, mit etwas Glück nur die Haarfarbe. Alte Hecken indes bestechen auch im biblischen Alter noch durch sattes Grün. Zumindest bei dieser ist es so: 347 Jahre alt ist das eindrucksvolle Geäst, das Kapstadts Gründervater **Jan van Riebeeck** einst am südöstlichen Rand des Tafelbergs pflanzte, um so die Plantagen europäischer Siedler vor jenen unerwünschten Besuchern zu schützen, die sie „Buschmänner" nannten. Der weitere Verlauf der Geschichte ist bekannt: Europäer legten am Kap den Grundstein für die „Mother City". Gleichzeitig durchschnitten immer mehr Hecken, Zäune und Mauern das einst so freie Land. Sie verdrängten die San und Khoikhoi, die Ureinwohner, von denen es heute nur noch wenige gibt (s. S. 126). Van Riebeecks Mandelhecke indes erfreut sich noch heute bester Gesundheit. Sie ist eines von vielen pflanzlichen Unika im **National Botanical Garden** im Kapstädter Stadtteil Kirstenbosch.

Die botanische Arche Noah Südafrikas lässt staunen: Von den etwa 22 000 Pflanzenarten, die zwischen Krüger-Park und Kap heimisch sind, beherbergt Kirstenbosch 9000. Ein Spaziergang durch die 36 Hektar große Anlage ist besonders in der zweiten Jahreshälfte ein atemberaubendes Erlebnis – auch der Düfte wegen. Überspannt vom meist azurblauen Kapstädter Himmel und vor der Kulisse des Tafelbergs blüht es in allen Farben. Heimische Vögel wie Kapgrassänger oder Girlitze bedienen sich in diesem an Blüten und Nektar so reichen Garten.

Gleich hinter dem Eingang begrüßt *Madiba* die Gäste, „Vater". So heißt in Südafrika eigentlich nur einer: Nelson Mandela. Dass auch eine Pflanze so heißt, ist ein blumiger Dank der Kapstädter Botaniker an den Vater der Rainbow-Nation. Das Herzstück des Parks ist aber der **Protea-Garten**. Was dem Niederländer die Tulpe, ist dem Südafrikaner die Protea: ein nationales Symbol. Mit dem kleinen Unterschied, dass die Pracht einer Protea jede Tulpe blass aussehen lässt. Die Königsprotea, Südafrikas Wappenblume, wächst vor allem in der Kapregion mit ihren grandiosen Blüten auf bis zu drei Meter hohen Sträuchern.

Ein absurder Streit beschäftigte jüngst das Land, das – trotz Ausrichtung der Fußball-WM 2010 – in der Tiefe des Herzens nur zwei Sportarten vergöttert: Cricket und Rugby. „The Proteas" ist der Name von Südafrikas Cricket-Team. Als „Springboks" wiederum ist Südafrikas Rugbymannschaft bekannt. Doch nationale Sportfunktionäre wollten auch die „Springböcke" in „The Proteas" umbenennen.

Unter Rugby-Fans löste das einen Aufschrei der Empörung aus: stiernackige Kampfmaschinen, benannt nach der grazilen Königin unter den Blumen? Welcher Gegner sollte diese Mannschaft noch ernst nehmen? Die Namensattacke wurde abgeschmettert. Der Liebe des Landes zur Nationalblume tut dies aber keinen Abbruch: Hotels, Restaurants, Straßen tragen den Namen Protea. Und sie sorgt für Jobs, denn die Blume wird – frisch, als Trockenblume und als Saat – in alle Welt exportiert.

Der vielleicht wertvollste Teil des Gartens sind die **Palmfarne** – eine steinalte Pflanzengattung, die sich vor 200 Millionen Jahren entwickelte. Später war sie die Hauptnahrungsquelle der Dinosaurier. Das **Palmfarn-Amphitheater** – eine mit Natursteinplatten gepflasterte und von Bächen durchzogene Terrassenlandschaft – mutet wie ein pflanzlicher Jurassic Park an. Große, zusammenhängende Waldgebiete waren über Jahrmillionen ein Garant für das Überleben dieser pflanzlichen Dinos – bis der Mensch kam. So steht in Kirstenbosch eines von weltweit wenigen Exemplaren der Spezies *Encephalartos woodii*, die in freier Natur bereits ausgestorben ist.

Was bei den Palmfarnen untersagt ist – berühren, beschnuppern, pflücken –, in einigen Bereichen des Parks ist dies erlaubt. Es gibt einen **Blindenweg**, in dem Pflanzen befühlt werden können, und einen Duftgarten. Im südafrikanischen Sommer, wenn das Blütenmeer allmählich an Kraft verliert, lädt der Park zu **Open-Air-Events**. Die Kapstädter, ein Volk von unverbesserlichen Picknick-Fans, bevölkern mit prall gefüllten Kühltaschen die Rasenanlagen. Und van Riebeecks alte Hecke erfüllt dann einen ähnlichen Zweck wie vor 347 Jahren: So mancher Konzertbesucher, der den Eintritt sparen will, muss den Rückweg antreten, nachdem er keinen Weg durchs Mandelstrauch-Dickicht gefunden hat.
*Harald Stutte*

Der Botanische Garten ist Sept.-März von 8 bis 19, April-Aug. 8-18 Uhr geöffnet. Eintritt 3 € (N 2)

Kirstenbosch National Botanical Garden entstand 1913 an den Hängen des Tafelbergs. Nur zehn Prozent des Areals sind bepflanzt worden – alles andere ist natürliche Vegetation

## AUSKUNFT

**(F 4) Cape Town Tourism**
Ecke Burg/Castle St
Tel. (021) 487 68 00
www.tourismcapetown.co.za
Mo-Fr 8-18, Sa 8.30-13, So 9-13 Uhr; im Winter kürzere Öffnungszeiten
**(F 2) Waterfront**
Clock Tower Precinct
Tel. (021) 405 45 00
tgl. 9-21 Uhr
**(F 2) Waterfront
Information Centre**
Clocktower Precinct
Tel. (021) 408 76 00
Mo-Sa 9-21, So 10-21 Uhr
**(P 2) Stellenbosch Tourism**
36 Market St, Tel. (021) 883 35 84
www.stellenboschtourism.co.za
Mo-Fr 8-18, Sa/So 9.30-17 Uhr (Winter Mo-Fr 9-17, Sa/So 10-14 Uhr)

## HOTELS

**(F 2) Cape Grace**
Eines der edelsten Hotels des Landes an der Waterfront. Preisgekröntes Res-

### Preiskategorien

Alle Adressen im Info-Magazin sind MERIAN-Empfehlungen. Preiskategorien Hotels:
Der Preis für ein Doppelzimmer pro Person in der Hauptsaison:
€ bis 50 €  €€ 50-150 €
€€€ 150-300 €  €€€€ über 300 €
Preiskategorien Restaurants:
Der Preis für ein durchschnittliches Hauptgericht inkl. Vorspeise (ohne Getränke) liegt bei
€ bis 10 €  €€ 10-15 €  €€€ über 15 €

taurant, traumhafter Ausblick auf Hafen, Stadt und Tafelberg.
West Quay, Waterfront
Tel. (021) 410 71 00
www.capegrace.com €€€€

**(F 3) Victoria Junction Hotel**
Modernes Design-Hotel – die Lieblingsabsteige von Künstlern, Models, Filmcrews. Zentral gelegen zwischen Waterfront und Cape Quarter.
Ecke Somerset/Ebenezer Rd
Tel. (021) 418 12 34
www.proteahotels.co.za €€€€

**(F 4) Cape Heritage Hotel**
Individuell eingerichtete Zimmer in einem Haus von 1771. Teil des Heritage-Square-Ensembles mit einer Reihe guter Restaurants und Cafés im Stadtzentrum. Gute Weinhandlung.
90 Bree St, Tel. (021) 424 46 46
www.capeheritage.co.za €€€€

**(F 3) Cedric Lodges**
Sorgsam restaurierte Reihenhäuser mitten im Modeviertel „De Waterkant": Zu mieten sind Zimmer und Häuser, alle wunderschön eingerichtet, mit Balkon und Innenhof.
90 Waterkant St, Tel. (021) 425 76 35
www.cedricslodge.com €€€

**(F 5) iKhaya Lodge**
iKhaya – das Zuhause auf Xhosa – bietet afrikanischen Charme mit Liebe zum Detail, z.B. geschnitzte Türen und Sandsteinwände. In der Nähe der Company Gardens an einem versteckten Platz mit netten Cafés.
Dunkley Square, Wandel St
Tel. (021) 461 88 80
www.ikhayalodge.co.za €€

**(F 5/6) Nine Flowers Guest House**
Gemütliches Gästehaus in einem liebevoll restaurierten viktorianischen Haus. Ruhig trotz Zentrumslage.
133-135 Hatfield St
Tel. (021) 462 14 30
www.kapstadt.de/nine-flowers €€

**(F 4) Metropole Hotel**
Angesagtes Hotel direkt an der Long Street mit sehr gutem Restaurant, cooler Bar – und einem riesigen Aquarium.
38 Long St, Tel. (021) 424 72 47
www.metropolehotel.co.za €€€

**(E 3) Bluegum Hill Guest House**
Familiäres Gästehaus am Hang des Signal Hill mit grandioser Aussicht auf

Wo's hingeht ...
Wo's langgeht ...
Was los ist ...

**Bestimmen Sie!**

Entdecken und erleben Sie mit unseren Urlaubs- und Erlebnisbausteinen die Faszination Südafrikas mit all seiner Tradition, landschaftlichen Schönheit und der atemberaubenden Wildnis z. B.:

### Südafrika für Einsteiger
Die ideale Kurzreise für „Südafrika-Beginner" auf der Sie die wichtigsten Sehenswürdigkeiten des Landes kennen lernen. Flug nach Johannesburg/zurück ab Kapstadt, 6 Nächte, Verpflegung und Busrundreise inkl. Eintrittsgeldern und Besichtigungen lt. Programm

Pro Person im DZ ab € **1.699**

### Südafrika Highlights
Auf klassischer Route durch Südafrika – beliebt und bewährt bei Einsteigern und Kennern. Flug nach Kapstadt/zurück ab Johannesburg, 13 Nächte, Verpflegung und Busrundreise lt. Programm, Deutsch sprechende Reiseleitung

Pro Person im DZ ab € **2.159**

www.dertour.de

# INFO KAPSTADT

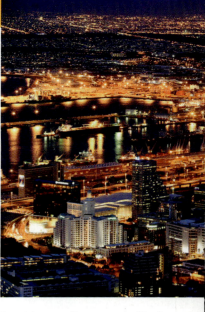

Greenpoint, die Waterfront und die Cape Flats. Individuell eingerichtete Zimmer. Opulentes Frühstück.
13 Merriman Rd, Green Point
Tel. (021) 439 87 64
www.bluegumhill.co.za €€

(E 5) **Hippo Boutique Hotel**
Minimalistisch modernes Ambiente – ohne kalt zu wirken. Zentrale Lage an der Kloof Street mit ihren vielen Restaurants. Exzellente Restaurants gibt es zur Genüge gleich vor der Haustür.
5-9 Park Rd, Gardens
Tel. (021) 423 25 00
www.hippotique.co.za €€€

## RESTAURANTS

(F 2) **one.waterfront**
Erstklassiges und preisgekröntes Restaurant im Cape Grace Hotel. Mediterran-asiatisch inspirierte Gerichte.
West Quay, Waterfront
Tel. (021) 418 05 20, tgl. 6.30-11
12-15, 18.30-22 Uhr €€€

(F 5) **95 Keerom**
Italienisches Top-Restaurant in 300 Jahre alten Ziegelmauern gepaart mit modernem Dekor. Innovativ, lecker.
95 Keerom St, Tel. 422 07 65
*Mo-Fr 12-14.30 Uhr*
*Mo-Sa 19-22.20 Uhr* €€€

(F 4) **Haiku**
Trendig und schick. Vielfältige japanische und chinesische Speisen, in der Karte mit Sternchen versehen.
Wale Chambers, 33 Church St
Tel. (021) 424 70 00
*tg. 12-14.30, 18-23Uhr*
*mittags* €€, *abends* €€€

(F 2) **Green Dolphin**
Umfangreiche Speisekarte von Pizza bis Fisch. Dazu allabendlich Live-Jazz.
Waterfront, links neben dem V&A Hotel
Tel. (021) 74 71
*tgl. 12-24* €€€

(E/F 5) **Khaya Nyama**
Im „Haus des Fleisches" gibt es Kudu, Springbock, Krokodil und weitere Tiere, die der Kontinent zu bieten hat. Safari-Ambiente, südafrikanische Weine.
267 Long St, Tel. (021) 424 29 17
*tgl. 16-open end* €€€

(E 5) **Cape Colony**
Elegantes Top-Restaurant im Mount Nelson Hotel. Vielseitige Karte mit kontinentalen, mediterranen, thailändischen und kapmalaiischen Gerichten.
760 Orange St, Tel. (021) 483 18 50
*tgl. 18.30-23 Uhr* €€€

(F 4) **Bukhara**
Bestes indisches Restaurant der Stadt. Die düstere und laute Atmosphäre wird mehr als aufgewogen von den hervorragenden nordindischen Barbecues und Tandoori-Gerichten.
33 Church St, Tel. (021) 424 00 00
*Mo-Sa 12-15, Mo-So 18-23 Uhr* €€€

(E 5) **Ocean Basket**
Fischrestaurant-Kette, aber witzig und mit Stil. Das Meeresgetier kommt fangfrisch auf den Teller, und das zu wirklich fairen Preisen.
75 Kloof St, Tel. (021) 422 03 22
www.oceanbasket.co.za
*Mo-Do 12-22, Fr/Sa 12-23*
*So 12-21.30 Uhr* €€

(E 6) **Manna Epicure**
Schickes Café in Weiß mit exzellenter und innovativer Küche. Vorzügliche Steaks und originelle Gemüse-Shakes.
51 Kloof St, Tel. (021) 426 24 13
*Di-Sa 8-18, So 8-15 Uhr* €€

(F 2) **Paulaner Bräuhaus**
Richtig: bayerische Speisen und vor Ort gebrautes Bier. Restaurant im modernen Ambiente der Waterfront.
Clocktower Centre, Waterfront
Tel. (021) 418 99 99
www.paulaner.co.za *tgl. 11-24 Uhr* €€

(E 5) **Madame Zingara und Cara Lazuli**
Gypsy-Atmosphäre. Die Gerichte sind kreativ und ausgefallen; legendär ist

Blick aus dem „Noon Gun Tea Room" auf den Business District über den Hafen bis zu den Vierteln im Norden

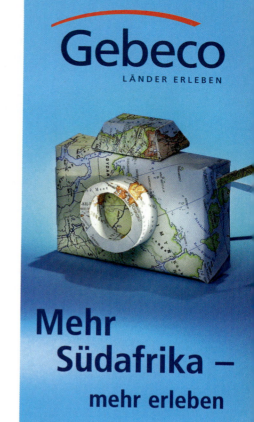

# Mehr Südafrika – mehr erleben

**Unser Top-Tipp: Wunderwelt Südafrika 16-Tage-Erlebnisreise ab € 2.895,–**

Erleben Sie Südafrika mit dem Länderexperten Gebeco: intensiver, beeindruckender – einfach näher dran. Reisen Sie abseits touristischer Pfade und begegnen Sie anderen Kulturen hautnah. Erlebnisreisen von Gebeco sind die ideale Verbindung aus perfekter Reiseplanung und hoher Flexibilität – kombinierbar mit Verlängerungsmöglichkeiten nach Wahl. So wird Ihre Reise einzigartig.

Mehr Details über unsere Reisen erhalten Sie in unseren Katalogen. Jetzt bestellen: Telefon **0431/5 44 60** oder **www.Gebeco.de**

Beratung und Buchung in Ihrem Reisebüro.

---

das Schokoladen-Chili-Steak. Cara Lazuli im selben Gebäude ist auf marokkanische Küche spezialisiert.
192 Loop St, Tel. (021) 426 24 58
www.zingara.co.za
Mo-Sa 19-23 Uhr €€

**(E 3) Noon Gun Tea Room**
Plastik-Ambiente, dafür traumhafter Blick über die Stadt vom höchsten Punkt des Bo-Kaap: die beste authentische kapmalaiische Küche (mehr dazu auf der nächsten Seite) – vorzügliche Samoosas und Currys.
273 Longmarket St, Bo-Kaap
Tel. (021) 424 05 29
Mo-Sa 10-22 Uhr €€

## SZENE

**(E/F 5) Kennedy's Cigar Lounge**
Kapstädter Institution und beliebter Treffpunkt für Politiker wie Künstler. Ledersofas, Marmortische, sanfte Klaviermusik und cooler Live-Jazz.
251 Long St, Tel. (021) 424 12 12
www.kennedys.co.za Mo-Sa 18-4 Uhr

**(F 3) Opium**
Abtanzen bis in den Morgen. Auf dem Plattenteller: Rock, Soul, House. Live-Bands und Comedy an Sonntagen.
6 Dixon St, De Waterkant, Green Point
Tel. (021) 425 40 10
Mi-Sa ab 21 Uhr

**(F 5) Drum Cafe**
Studenten, Touristen, Rastas kommen hier vorbei, um per Bongo-Meditation ihre afrikanischen Wurzeln zu pflegen oder zu finden. Regelmäßig Workshops, Vorführungen und Konzerte.
Ecke 32 Glynn/Canterbury St

Tel. (021) 462 10 64
www.drumcafe.net

**(F/G 4) Hemisphere Night Club**
Allein der Blick vom 31. Stock eines Bürogebäudes in der Innenstadt sorgt für Stimmung und Adrenalin. Gespielt wird Musik der siebziger bis neunziger Jahre, zu später Stunde auch Hip-Hop und R&B.
ABSA Centre, 2 Riebeeck St
Tel. (021) 421 05 81
www.hemisphere.org.za

**(A 7) La Med**
Die erste Adresse für Sundowners an lauen Sommerabenden: Livemusik und sündhafte Cocktails.
The Glen Country Club, Victoria Rd (am Meer zw. Clifton und Camps Bay)
Tel. (021) 438 56 00
www.lamed.co.za
Mo-So 12-spät, im Winter ab 15 Uhr

**(M 2) Café Caprice**
Hier schlürfen Stars und Sternchen ihre Cocktails, die, die es werden wollen, schauen ihnen cocktailschlürfend dabei zu. Nett am Nachmittag.
37 Victoria Rd, Camps Bay
Tel. (021) 438 83 15 tgl. 9-2.30 Uhr

**Theater in Kapstadt**
Das größte Theater ist das **Artscape** (DF Malan St, Foreshore, **G 4**). Modernes Theater, klassische Konzerte und Comedy gibt's im **Baxter Theatre** in der Nähe der Uni (Main Rd, Rondebosch, **N 2**). Weniger bekannt ist das **Little Theatre**, auf dessen Bühne die Schauspielstudenten der UCT regelmäßig eigene Produktionen vorstellen (UCT Hiddingh Campus, Orange St gegenüber dem Labia-Kino, **E 5**; nur Abendkasse). Das **Theatre on the Bay** bietet vor allem (britische) Comedy, aber auch klassische Stücke (Link St, Camps Bay, **M 2**).
Karten: www.computicket.co.za

## SEHENSWERT

**(E/F 4) Iziko Bo-Kaap Museum**
Viertel mit knallbunten Häusern am Hang des Signal Hill. Eine eigene Welt, geprägt von den moslemischen Kapmalaien. Das Bo-Kaap Museum informiert über das Leben im Viertel während des 19. Jhs. und islamische Traditionen am Kap. Dahinter: Südafrikas älteste Moschee (1795), die leider nicht besichtigt werden kann.

# INFO KAPSTADT

**Moschee in der Longmarket Street:
Die Kapmalaien im Bo-Kaap-Viertel
brachten den Islam mit**

## MERIAN | KÜCHE
## Melting Pot
### In den Töpfen rühren Buren, Asiaten, Hugenotten

Auf den Speisekarten fasziniert die bunte Vielfalt der Gerichte, und die traditionelle **Kap-Küche** verrät viel über die Einwanderungsgeschichte Südafrikas. Den Grundstock bildete die deftige Kost **holländischer** und **deutschstämmiger Siedler,** die ihre Kochbücher auf den Schiffen der Ostindischen Kompanie mitbrachten. Auch Sklaven aus **Südostasien,** kurz nach der Gründung Kapstadts an den Tafelberg geholt, sowie aus **Ostafrika** brachten ihre Ess- und Kochgewohnheiten mit. Kulinaria **Indiens, Indonesiens, Ceylons** und **Madagaskars** schmeckt man aus der **kapmalaiischen Küche** heraus: Fast nichts geht ohne eine kleine Prise Zimt. Später rührten auch französische Hugenotten kräftig mit im Kochtopf. Heraus kamen so leckere Gerichte wie *bredie:* Lammfleisch, das mit Gemüse und *waterblommetjies* (Seerosen) in einem gusseisernen Topf gekocht wird. Ebenfalls typisch sind milde Currys, *samoosas* (gefüllte Teigtaschen), *sosaties* (Fleisch- und Fruchtspieße), *boboties* (Aufläufe) und die Vorliebe für Süßsaures. Leider gibt es nur wenige Stätten, an denen man authentisch kapmalaiisch essen kann. Ausnahmen sind Restaurants, die vor allem von Einheimischen besucht werden; auf alkoholische Getränke muss man meist verzichten. Auf englische Cuisine nicht: Fish-&-Chips-Buden gibt es an jeder Ecke.

Im Stadtteil Bo-Kaap gelegen – etwas düster, aber an moslemischen Feiertagen proppevoll – ist das
(E 4) **Biesmiellah** Ecke Wale St/Pentz Rd,
Tel. (021) 423 08 50 *Mo-Do 12-22, Fr-Sa 12-23 Uhr* €€

Am Hang des Signal Hill mit großartigem Blick über die Innenstadt: (E 3) **Noon Gun Tea Room** 273 Longmarket St
Tel. (021) 424 05 29 *Mo-Sa 10-22 Uhr* €€

Edler, aber teurer: (N 2/3) **Cape Malay Restaurant** Hohenort-Hotel, Constantia, Brommersvlei Rd, Tel. (021) 794 21 37
*19-22 Uhr; im Winter geschl.* €€€

Tipp: eine Tour mit der resoluten und bis ins Detail informierten Shereen Narkadien (Tel. 082/423 69 32).
**Museum:** 71 Wale St
Tel. 481 39 39
www.iziko.org.za/bokaap
*Mo-Sa 9.30-16.30 Uhr,
Fr geöffnet, an islamischen Feiertagen jedoch geschl.*

(F/G 1/2) **V&A Waterfront**
Einst schmuddeliger Hafen, heute Vergnügungs- und Shoppingviertel mit mehr als 20 Mio Besuchern im Jahr – ein städteplanerischer Coup. Theater, Bars, Kneipen, Läden, Restaurants, Hotels, Kinos und Museen – mit leichtem Hang zum Shopping-Mall-Look. Für Informationen gibt es im Clock Tower Centre ein Besucherzentrum. Viele Geschäfte haben bis 21 Uhr geöffnet, gefährlich ist es hier auch nach Einbruch der Dunkelheit nie.
**Besucherzentrum:**
Tel. (021) 408 76 00
www.waterfront.co.za

(M 2) **Camps Bay und Clifton**
Im Hintergrund die Hänge des Tafelbergmassivs, vorne schäumt der eiskalte Atlantik. Camps Bay hat auch das beste

**Prosecco zum Sonnenuntergang:
Strandcafé in Camps Bay**

Eiscafé der Stadt: „Sinnfull Ice Cream Emporium", versteckt im Promenade Centre an der Hauptstraße (tgl. 9-23 Uhr). Etwas exklusiver als Camps Bay sind die Strände von Clifton.

(G 5) **Castle of Good Hope**
Der älteste Kolonialbau Südafrikas. Errichtet von den ersten holländischen Siedlern zwischen 1666 und 1679 zum Schutz der Kapkolonie. Führungen durch die Kerker und auf die Festungsmauer.
An der Grand Parade
Tel. (021) 787 12 49
www.castleofgoodhope.co.za
*tgl. 9-15.30, Führungen um 11, 12 und 14 Uhr*

(F 2) **Two Oceans Aquarium**
3000 Meeresbewohner, darunter 300 Fischarten, tummeln sich in 30 Becken. Am imposantesten sind die Haie und Mantarochen in ihrem Zwei-Millionen-Liter-Aquarium mit Seetangwald. Mutige dürfen mit im Becken tauchen.
Dock Rd, Waterfront
Tel. (021) 418 38 23
www.aquarium.co.za
*tgl. 9.30-18 Uhr*

(F 4/5) **St George's Cathedral**
Die neogotische Sandsteinkathedrale galt in der Apartheid-Zeit als Zentrum des friedlichen Widerstands – Desmond Tutu residierte hier von 1986 bis 1996 als Erzbischof. Jeden So 19 Uhr musikalische Abendandacht mit Orchester- oder Chormusik. Nicht nur sonntags mehrere Messen täglich.
1 Wale St
www.stgeorgescathedral.com

(M 2) **Tafelberg-Seilbahn**
In drehenden Panoramagondeln auf den Gipfel des Tafelbergs. Im Hochsommer ist die Seilbahn von 8 bis 22 Uhr in Betrieb, im Winter bis 18 Uhr, bei schlechtem Wetter gar nicht. Talstation zwischen Camps Bay und Downtown.
Tel. (021) 424 81 81
www.tablemountain.net

**Was Sie immer schon über Dubai und die Golfregion wissen wollten!**

Reisen · Wirtschaft
Immobilien · Lifestyle

... mit Info-DVD
in jedem Heft!

# Jetzt am Kiosk

www.dubai-media.com
**Bestellhotline:**
(+49) 02938 / 805 510

## INFO KAPSTADT

**MERIAN | TOWNSHIPS**

# Das Erbe der Apartheid
### Eine Reise in den afrikanischen Teil der Stadt

Townships stehen für Kapstadt wie Tafelberg und Winelands. Hier leben die Einwohner in Vierteln wie **Langa** („Sonne"), **Khayelitsha** („Neue Heimat") oder **Gugulethu** („Unser Stolz"). Fast alle liegen in den **Cape Flats,** einer großen, sandigen und windgepeitschten Ebene östlich vom Zentrum. Die meisten weißen Südafrikaner haben sie noch nie in ihrem Leben betreten. „Was soll ich da?", fragen sich auch viele Touristen. Wer sich auf eine **Township-Tour** einlässt, begeht Armuts-Tourismus, lernt aber eine andere Welt kennen, die mehr Eindruck hinterlässt als jedes Lächeln der Hoteldamen in Camps Bay. Und: Township ist nicht gleich Township. Manche Gebiete sehen nicht anders aus als viele amerikanische Vororte, in Gugulethu oder Crossroads hingegen leben die Menschen in winzigen Wohnungen. Die Ärmsten hausen in den Wellblechhütten der **Squatter Camps** – meist ohne Strom und Wasser. Aber mit Schwindel erregenden Kriminalitätsraten.
Auf eigene Faust sollte hier nur hinfahren, wer sich auskennt. Mittlerweile gibt es eine ganze Reihe **gut geführter Touren,** die nicht nur ein Augenöffner für Besucher sind, sondern auch eine wichtige Einkommensquelle für örtliche Familien. Gute Touranbieter bieten mehr als eine Fahrt im klimatisierten Reisebus durch Elendsviertel: Sie arbeiten mit örtlichen Familien wie Geschäften zusammen und leiten einen Teil der Einkünfte an soziale Projekte weiter.

Empfehlenswerte Anbieter von Township-Touren:
Bonani Township Tours, Tel. (021) 531 42 91, www.bonanitours.co.za
Andulela Experience, Tel. (021) 790 25 92, www.andulela.com
Zibonele Tours, Tel. (021) 511 42 63, www.ziboneletours.com

Khayelitsha („Neue Heimat") ist nach Soweto Südafrikas größtes Township. Es entstand 1984 in den Cape Flats, 35 km östlich von Kapstadt. Heute leben hier mehr als eine Million Menschen.

**(F 4) Old Town House und Greenmarket Square**
1710 angelegter Platz mit Art-déco-Häusern und einem täglichen Flohmarkt. Das Rathaus war erst Sitz der Stadtverwaltung, dann des Gerichtshofes und später eine Polizeiwache. Heute beherbergt es die Michaelis-Sammlung mit Werken holländischer und flämischer Meister des 17. Jhs. Die Öffnungszeiten des Museums: Mo-Fr 10-17, So 10-16 Uhr
Tel. (021) 481 39 33
www.iziko.org.za/michaelis

## MUSEEN

**(E/F 5) South African Museum**
Das älteste Museum des Landes zur Naturgeschichte und Archäologie. Walskelette hängen über mehrere Stockwerke von der Decke. Es gibt ein spannendes Planetarium.
25 Queen Victoria St, Gardens
Tel. (021) 481 38 00
www.iziko.org.za/sam
tgl. 10-17 Uhr

**F 5) South African National Gallery**
Die Dauerausstellung zeigt einige alte Meister, v.a. aber südafrikanische Kunst und Kunsthandwerk. Die Wechselausstellungen sind ein guter Spiegel der aktuellen Kulturszene.
Gallery Lane, Company Gardens, Tel. (021) 467 46 60
www.iziko.org.za/sang
Di-So 10-17 Uhr

**(F/G 5) District Six Museum**
Pläne gab es für das Museum schon 1989, fünf Jahre später wurde es eröffnet. Heute zeigt das Museum u.a. alte Wohngegenstände des traurig-berühmten Viertels. Vor allem die Fotoausstellung ist beeindruckend.
25A Buitenkant St
Tel. (021) 466 72 00
www.districtsix.co.za
Mo 9-15, Di-Sa 9-16 Uhr

## SHOPPING

### Märkte
Der berühmteste und schönste Markt ist tgl. außer So auf dem **Greenmarket Square (F 4)** in der Innenstadt. Mehr Auswahl zu besseren Preisen gibt es auf dem großen Afrikamarkt am **Green Point-Stadion (E 2)** (Sa). Bessere Qualität und Ungewöhnliches findet man auf dem **Waterfront Art und Craft Market (F 2)** (am Hafen, Sa, So, feiertags; im Dez. Mo-So). Der Flohmarkt in **Hout Bay (M 3)** (erster und letzter So im Monat) bietet einen Mix aus Kitsch, Kleidung und Essen.

### Wein
Kapstadts bester Weinladen mit riesiger Auswahl und exzellenter Beratung: Vaughan Johnson versendet Wein auch weltweit auf dem Luft- und Seeweg.
**(F 2) Wine & Cigar Shop**
Dock Rd, Waterfront
Tel. (021) 419 21 21
Mo-Fr 9-18, Sa 9-17 Uhr
So 10-17 Uhr

### Schmuck
Mitten im Zentrum liegt das Geschäft von **Prins & Prins** mit relativ günstigem Schmuck aus Gold und Silber. (F 4)
66 Loop St
Tel. (021) 422 10 90
Ausgefallene Kreationen von edel bis Afrika-Kitsch des gebürtigen Hamburgers Uwe Koetter in zwei Filialen. (F 2)
Amway House, Dock Rd Waterfront, V&A Hotel Arcade

*Etwas Kitsch, eine Prise Kunst, der Rest Folklore: Verkäuferin auf dem Greenmarket Square*

---

**Kapstadt/Somerset West**
Deutsches Gästehaus
Vier 2-Pers.-App. mit Meerblick
dt. TV, Pool, Liegewiese
ab 30,00 €/p.P./Ü.
www.villa-pyrmontes.com

**MERIAN** extra
Traumstraßen der Welt
Deutschland
Italien
Griechenland
nur 5 €
www.merian.de/shop
Abo-Service: 040-87 97 35 40

**Golden Hill Guest House & Tours**
Das Guest House liegt in Somerset West bei Kapstadt im Herzen der Golf- und Weinregion. 6 en-suite DZ, 1 EZ, herrlicher großer Garten, Pool. Wir bieten individuelle Touren für Kleingruppen ab 2 Personen mit erfahrenen, registrierten Reiseführern; kompetent und sachkundig.
Tel: +27 (0)21 851 7371 Fax: 851 3366 E-mail: goldenhl@iafrica.com Web: www.goldenhill.co.za

**Ingonyama**
AFRICAN ESCAPES
reisen durch das südliche Afrika
*individuell & einzigartig*
Tel: 040-39 80 69 09
Fax: 040-39 80 62 97
mail@african-escapes.de
www.african-escapes.de

**Guesthouse Ilanga Khaya**
ganz in der Nähe vom traumhaften Bloubergstrand
DZ f. 2 Pers. incl. Frühstück ab EUR 45,00/Tg
www.ilangakhaya.de / mail@ilangakhaya.de

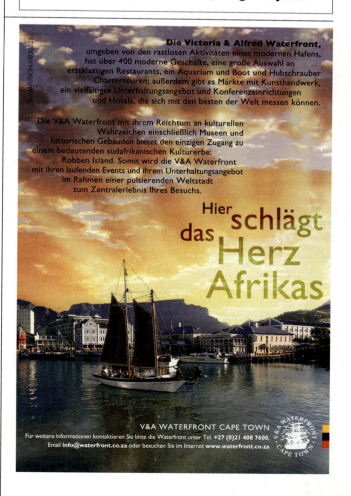

Die Victoria & Alfred Waterfront, umgeben von den rastlosen Aktivitäten eines modernen Hafens, hat über 400 moderne Geschäfte, eine große Auswahl an erstklassigen Restaurants, ein Aquarium und Boot und Hubschrauber Chartertouren: außerdem gibt es Märkte mit Kunsthandwerk, ein vielfältiges Unterhaltungsangebot und Konferenzeinrichtungen und Hotels, die sich mit den besten der Welt messen können.

Die V&A Waterfront mit ihrem Reichtum an kulturellen Wahrzeichen einschließlich Museen und historischen Gebäuden bietet den einzigen Zugang zu einem bedeutenden südafrikanischen Kulturerbe: Robben Island. Somit wird die V&A Waterfront mit ihren laufenden Events und ihrem Unterhaltungsangebot im Rahmen einer pulsierenden Weltstadt zum Zentralerlebnis Ihres Besuchs.

**Hier schlägt das Herz Afrikas**

V&A WATERFRONT CAPE TOWN
Für weitere Informationen kontaktieren Sie bitte die Waterfront unter Tel. +27 (0)21 408 7600.
Email info@waterfront.co.za oder besuchen Sie uns im Internet www.waterfront.co.za

# INFO RUND UM KAPSTADT

## MERIAN | KAPSTADTS KÜSTE
### Wie Sand am Meer
Viele stadtnahe Strände für alle Vorlieben

150 Kilometer Küste rund um die Halbinsel – und das ist nur der letzte Zipfel der Kapregion. Grundsätzlich gilt: Die rauen Strände liegen im Westen, das warme Wasser ist im Osten. Lange Sandstrände und gemütliche Buchten an False Bay und Traumbuchten wie Clifton befinden sich im Stadtgebiet. Die schönsten Strände in und um Kapstadt von Nord bis Südost:
**Camps Bay** Klein-Kalifornien südlich von Clifton: Palmen, Beachvolleyball, Joggingautobahn an dem schönsten Stadtstrand Kapstadts. (M 2)
**Sandy Bay** Einst vor allem ein Nacktbadestrand, heute ein beliebter Surfstrand – auch bei Südostwind ist es hier angenehm. (M 2/3)
**Hout Bay** Beliebter Familienstrand am Ausgangspunkt des Chapman's Drive. Ideal zum Sonnenuntergang. Ruhige Bucht am sonst rauen Atlantik. (M 3)

Rugby über alles: Camps Bay ist der Spielplatz der Jugend

**Noordhoek** Starke Strömungen, eiskaltes Wasser, fantastische Wellen: für Strandspaziergänger und Surfenthusiaten ein acht Kilometer langer, leuchtend weißer Bilderbuchstrand. (M 3)
**Boulders** Kleine Wellen, große runde Granitblöcke, türkis Wasser und ein feiner Sandstrand, den man sich mit 3000 kleinen Brillenpinguinen teilt. (N 4)
**Fish Hoek** Eine sanfte Bucht mit Sandstrand, quasi das Stadtzentrum von Fish Hoek. Bekannter Surfspot. (N 3)
**Muizenberg** Ehemals mondänes Strandbad, heute bunt gemischtes Strandleben im Einzugsgebiet von Villen und Townships. Endloser Sandstrand. (N 3)
**Kogel Bay** Breite, sanfte Wellen rollen im Takt in die Bucht: einer der besten Surfstrände überhaupt. (P 4)

## HOTELS

### (N 2/3) Constantia
**The Cellars-Hohenort**
Gediegener Luxus zwischen Weinbergen im Constantia-Tal: elegante Möbel, gemütliche Bar, Swimmingpools, Tennisplätze und Fitnessclub. Im Haus: das Spitzenrestaurant „The Cellars".
93 Brommersvlei Rd
Tel. (021) 794 21 37
www.cellars-hohenort.com
€€€€

### (L 6) Franschhoek
**Le Franschhoek Hotel & Spa**
Elegantes Luxushotel mit großem Pool und Wellness-Center. Helle, modern eingerichtete Zimmer; zwei Restaurants, breites Sportangebot.
Farm Keerweder, 16 Minor Rd
Tel. (021) 876 89 00
www.lefranschhoek.co.za
€€€€

### (M 2) Oudekraal
**The Twelve Apostles Hotel & Spa**
Preisgekröntes Privathotel und Wellness-Center. Etwas abgeschieden zwischen Camps Bay und Hout Bay am Hang der Zwölf Apostel, aber mit grandiosem Blick auf die Atlantikküste. Gemütliche Bar.
Victoria Rd, Tel. (021) 437 90 00
www.12apostleshotel.com
€€€€

### (L 6) Paarl
**Goedemoed Country Inn**
Luxuriöse Unterkunft im Landhaus-Stil. Denkmalgeschütztes Haus von 1818 mitten in Paarl.
Cecilia St, Tel. (021) 863 11 02
www.goedemoed.com €€

### (P 2) Spier Estate
**The Village at Spier**
Das Hotel liegt auf halber Strecke zwischen Flughafen und Stellenbosch auf dem Weingut Spier. Großzügige Zimmer in einem von 32 kapholländischen Häusern, die ein kleines Edel-Dorf bilden.
Lynedoch Rd
Tel. (021) 809 11 00
www.spier.co.za €€€

## RESTAURANTS

### (N 2/3) Constantia
**La Colombe**
International preisgekröntes Restaurant – für viele das beste Kapstadts. Erstklassige französische Küche. Wichtig: reservieren!
Spaanschemaat River Rd
Tel. (021) 794 23 90
www.lacolombe.co.za
tgl. 12.30 bis 14.15, 19.30-21 Uhr, im Winter So nur mittags €€€

### (N 3) Kalk Bay
**Cape to Cuba**
Restaurant in grellen Farben zwischen Strand und der quirligen Hauptstraße von Kalk Bay. Die Küche ist karibisch und ägyptisch. Die Gäste dinieren zwischen Antikmöbeln und kubanischen Souvenirs.
Main Rd, Tel. (021) 788 15 66
www.capetocuba.com
Mo-So 9-22.30 Uhr
Bar länger geöffnet €€

### (M3) Hout Bay Harbour
**Wharfside Grill**
Erlebnisrestaurant mit Bootshaus-Atmosphäre und Kellnern im Matrosenkostüm. Exzellente Fischgerichte. Beim Essen kann man den schönen Blick über die Bucht genießen.
Mariner's Wharf, Hout Bay
Tel. (021) 790 11 00
tgl. 9-22 Uhr €€€

### (M3) Kommetjie
**Mnandis**
Grüne Eier auf Schinken oder Straußenfilet: gleichbleibend hohe Qualität außergewöhnlicher Gerichte.

Das alte Fischerdorf Kalk Bay hat heute eine interessante Künstlerszene, viele Galerien und Antiquitätenläden

antike Möbel. Hier hat man sich auf Touristen eingestellt – Masse auf Kosten von Klasse.
Aan de Wagenweg
Tel. (021) 887 21 21
tgl. 12-15.30 Uhr, 18.30-21.30 Uhr
im Winter geschl. €€€

## SEHENSWERT

**(M 1) Robben Island**
s. S. 68

**(P 4) Clarence Drive**
Der kleine Bruder des berühmten Chapman's Peak Drive: auf der östlichen Seite der False Bay, von Gordon's Bay bis Kleinmond. Recht unbekannte, aber spektakuläre Traumroute entlang der Küste, durch Aussteigerorte, vorbei an einsamen Stränden.

**(L 6) Boschendal**
Eines der prächtigsten und ältesten Weingüter Südafrikas, 20 km vor Franschhoek. Der Keller und das Herrenhaus können besichtigt werden. Tipp: Picknick im Garten!
Pniel Rd (an der R310 von Stellenbosch nach Franschhoek)
Tel. (021) 870 42 74
www.boschendal.com

**(P 2) Dorp Street, Stellenbosch**
Fast die gesamte Straße steht unter Denkmalschutz: viktorianische Häuser, kleine Läden und nette Cafés. Zentraler Platz mit historischen Bauten wie der St Mary's Church.

**(N 4) Cape Point**
Landschaftsschutzgebiet am Kap der Guten Hoffnung. Offiziell Teil des Tafelberg-Nationalparks. Wunderschöne Buchten mit starken Strömungen. Vorsicht: aggressive Paviane!
Tel. (021) 780 90 10
www.capepoint.co.za

**(P 2) Spier Leisure**
Kein Weingut vermarktet sich so konsequent an Touristen! Neben einem erstklassigen Hotel gibt es drei gute Restaurants und einen historischen Dampfzug, der Besucher direkt aus der Innenstadt abholt.
Tel. (021) 809 11 00
www.spier.co.za

## SHOPPING

**(P 2) Stellenbosch**
**Oom Samie se Winkel**
Hier sieht es aus wie auf Großmutters Dachboden: Auf Regalen bis unter die Decke türmen sich altes Emaillegeschirr, Konserven und tausend Sachen, die wie von selbst in den Einkaufskorb wandern.
82 Dorp St
Tel. (021) 887 07 97
Mo-Fr 8.30-17.30 Uhr
Sa/So 9-17 Uhr

**(N 3) Kalk Bay**
**Kalk Bay Modern**
In dem kleinen Küstenort Kalk Bay gibt es 8 Antiquitätenläden und mehr als 20 Boutiquen und Galerien – darunter hinter dem „Olympia Café" die Kalk Bay Modern, eine der besten Galerien des Südafrikas mit modernen Arbeiten heimischer Künstler. Geschmackvolle Mitbringsel im ganzen Ort.

## MERIAN | TIPP

### Jazz-Touren

Wenn die Musik nicht zum Touristen kommt, muss der Tourist zur Musik kommen – so das Motto der Kapstädter Jazzszene. Trotz der langen Jazztradition gibt es überraschend wenige Clubs, in denen man Musiker hören kann. Das wollen die Macher der „Jazz Safaris" ändern. Sie haben zusammen mit Künstlern Routen ausgedacht, heimische Musiker dazugeholt und bieten abendliche Touren an: Von Abdullah Ibrahims Musikschule im „District Six Café" geht es zu bekannten Musikern nach Hause, schließlich zu einem Konzert.

Andulela Experience
Tel. (021) 790 25 92
www.andulela.com  40 €

---

Solole Game Reserve
6 Wood Rd, Sunnydale
Tel. (021) 785 32 48
Di-Sa ganztägig €€€

**(N 3) Muizenberg**
**The Olive Station**
Gutes, kleines und viel besuchtes Restaurant. Auf der Speisekarte libanesisches Frühstück und leichte Mittelmeerkost.
65 Main Rd
Tel. (021) 788 32 64 Mo-Mi/Fr 8-17, Do 8-21, So 9-21 Uhr €

**(L 6) Franschhoek**
**Reuben's**
Speisekarte mit klassischen und gewagten Gerichten wie Chilintenfisch. Tipp: die Specials. Herzliche Atmosphäre. Die Bar ist der Tragfläche eines Flugzeugs nachempfunden.
9 Huguenot Rd
Tel. (021) 876 37 72
12-15, 19-21 Uhr €€€

**(L 6) Paarl**
**Bosman's**
Exzellente Küche und ein großes Weinangebot: eines der besten Gourmet-Restaurants des Landes. Wechselnde Menüs mit vielen typischen Kapgerichten. Von der Terrasse aus blickt man in den Rosengarten und das Weintal von Paarl.
Grande Roche Hotel
Fantasie St
Tel. (021) 863 51 00
Frühstück ab 7, Lunch ab 12 Uhr Dinner ab 19 Uhr; reservieren
€€

**Stellenbosch**
**Volkskombuis**
Hauptquartier der burischen Kochkunst: charmantes Dekor,

---

**Inverdoorn Game Reserve**
*the luxury of contrast*

- 10 000 ha OF PURE PEACEFUL BLISS
- WILDLIFE IN ABUNDANCE
- 7 LUXURIOUS CHALETS & 2 FAMILY HOUSES
- MODERN FRENCH CUISINE

*For enquiries & reservations*
PO Box 327, Ceres 6835
Tel: +27 (0)23 316 1264
Fax: +27 (0)23 312 2187
info@inverdoorn.com
www.inverdoorn.com

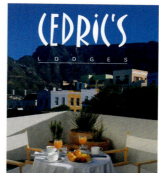

URLAUB MIT FREUNDEN BEI INGE UND JUTTA IN KAPSTADT
www.cedricslodge.com

# INFO SÜDLICHE KÜSTENREGION

## MERIAN | TIPP

### Wale! Hört die Signale!

Es ist nicht wirklich schwer, zur Walsaison in Hermanus Wale zu sehen. Sie tummeln sich direkt vor der Küste und ziehen Shows vor den Touristen ab, die erwartungsvoll auf den Felsklippen hocken. Noch einfacher findet man die schwimmenden Zeppeline allerdings, wenn man die Ohren aufsperrt: In Hermanus gibt es seit 1992 den einzigen Walausrufer (*whale crier*) der Welt, ausgestattet mit Federhut, einem Schild auf dem Bauch und einem Horn aus getrocknetem Seetang. Er dreht seine Runden von Juni bis Dez., zwischen 10 bis 16 Uhr. Wo er in sein Horn stößt, sind die Wale. Hat man das Signal verpasst, folgt man einfach der Menschenmenge – der Ausrufer ist wahrscheinlich der meistfotografierte Mensch von Hermanus. Clevere Walfans prägen sich das „Morsealphabet" des Walausrufers ein (steht auf seinem Schild), betten sich dann auf dem Roman Rock zu einem Nickerchen und öffnen die Augen erst wieder, wenn sie das Roman-Rock-Signal hören.

## AUSKUNFT

**(M 7)** Overberg Tourism
22 Plein St, Caledon
Tel. (028) 214 14 66
www.tourismcapeoverberg.co.za
*Mo-Fr 8-16.30 Uhr*

**(P 6/7)** Tourism Knysna
40 Main St, Tel. (044) 382 55 10
www.tourismknysna.co.za
*Mo-Fr 8-17, Sa 8.30-13 Uhr*

**(P 6)** Wilderness Tourism
Milkwood Village, Beacon Rd
Tel. (044) 877 00 45
www.tourismwilderness.co.za
*Mo-Fr 8-18, Sa 8-13,
So 15-17 Uhr (Winter Mo-Fr 8-17, Sa 9-13 Uhr)*

## HOTELS

**(L/M 7)** Hermanus
**The Marine Hermanus**
Strahlend weißes Luxushotel auf den Klippen von Hermanus.
Marine Drive, Tel. (028) 313 10 00
www.marine-hermanus.co.za
€€€

**(M/N 7)** L'Agulhas
**Cape Agulhas Guest House**
Das Gästehaus ist nur 2 km vom südlichsten Punkt Afrikas entfernt. Buchen Sie eines der fünf Zimmer mit Meerblick!
5 Cooper St
Tel. (028) 435 79 75 €€

**(P 6/7)** Nature's Valley
**Lilly Pond Country Lodge**
Idyllisch gelegene Lodge bei Nature's Valley. Ideale Basis für den Tsitsikamma National Park.
Tel. (044) 534 87 67
www.lilypond.co.za €€€

**(P 6/7)** Plettenberg
**Tarn Country House**
Am Fuß der Tsitsikamma-Berge in der Abgeschiedenheit des Whiskey Creek Reservats, 10 km außerhalb von Plettenberg.
The Crags, Tel. (044) 534 88 06
www.tarn.co.za €€€

**(P 6/7)** Storms River
**Tsitsikamma on Sea**
Exklusive Luxus-Lodge 100 m über der Küste mit spektakulärer Aussicht vom eigenen Balkon. Edles Restaurant, riesiger Weinkeller.
Tel. (042) 280 36 97
www.tsitsikammaonsea.com
€€€€

**(N 6)** Swellendam
**De Kloof Luxury Estate**
Denkmalgeschütztes Anwesen von 1801, einen Katzensprung entfernt vom Stadtzentrum. Tgl. kostenlose Weinprobe, Bibliothek, Zigarren-Lounge.
8 Weltevrede St
Tel. (028) 514 13 03
www.dekloof.co.za €€€

**(P 6)** Wilderness
**Hilltop Country Lodge**
Idyllisches Plätzchen mit Blick über Wilderness, das Meer und die Outeniqua-Berge.
Victoria Bay Hights
Tel. (044) 889 01 42, www.hilltopcountrylodge.co.za €€

## RESTAURANTS

**(L/M 7)** Hermanus
**The Burgundy**
Kreative Küche (Tipp: Springbock-Hackfleisch). Ausblick auf Ozean und Wale.
Market Square
Tel. (028) 312 28 00 €€

**Marimba Café**
Jeden Tag der Woche afrikanisches Essen, Sa dazu auch afrikanische Live-Musik. Gute Weine aus der Region.
Shop 9, Royal Lane, Main Rd
Tel. (028) 312 21 48
*tgl. mittags, abends* €€

118 MERIAN   www.merian.de

Die Fahrt auf der Serpentinenpiste zum Swartberg-Pass ist im Sommer ein kleines Abenteuer. Im Winter ist der Pass gesperrt: zu viel Schnee

**(P 6/7) Knysna**
**Knysna Oyster Company**
Austern, Austern – und noch mehr Austern. Aber auch Fisch und anderes Meeresgetier.
Thesen Island, Long Street
Tel. (044) 382 69 41/2
www.knysnaoysters.co.za

**(P 6/7) Mossel Bay**
**Red Rooster**
Einfaches, aber leckeres Essen in gemütlichem Ambiente.
49 Marsh St
Tel. (044) 691 28 52 *Mo-Sa*

**(N 6) Swellendam**
**The Old Goal Coffee Shop**
Legendäre Kneipe mit solider burischer Kost.
26 Swellengrebel St
Tel. (028) 514 38 47

## SEHENSWERT

**(L 7) Betty's Bay**
**Harold Porter National Botanical Garden**
Malerisch gelegen in einem Taleinschnitt unweit der Küste. Der dreistündige Leopard's Kloof-Wanderweg endet an einem kleinen Wasserfall.
Tel. (028) 272 93 11, www.sanbi.org/frames/haroldfram.htm
*Mo-Fr 8-16.30, Sa/So 8-17 Uhr*

**(M/N 7) Bredasdorp**
**Shipwreck Museum**
Fundstücke aus Schiffwracks. Münzen bis Galionsfiguren, z.T. aus dem 17. Jahrhundert.
Independent St
Tel. (028) 424 12 40, *Mo-Fr 9-16.45, Sa/So 11-15.45 Uhr*

**(P 6) George**
**Outeniqua Choo-Tjoe Train**
Die Trasse des ältesten Dampfzugs Afrikas wurde überschwemmt, ab April 2007 soll der Zug wieder fahren.
2 Mission Rd
Tel. (044) 801 82 88
www.onlineresources.co.za/chootjoe

**(M/N 7) L'Agulhas**
**Cape Agulhas Lighthouse & Museum**
Der zweitälteste Leuchtturm Südafrikas. 1849 eingeweiht, seit 1973 Nationaldenkmal.
Tel. (028) 435 62 22
*Mo-Sa 9-16.15, So 9-14 Uhr*

**(P 6/7) Mossel Bay**
**Bartolomeu Dias Museum Complex**
Mehrere Museen unter einem Dach mit einem Nachbau der Karavelle, mit der Diaz 1488 das Kap umsegelte.
Market St, Mossel Bay
Tel. (044) 691 10 67
www.gardenroute.net/mby/mbmuseums.htm
*Mo-Fr 8.15-17, Sa/So 9-16 Uhr*

**(P 6/7) Nature's Valley**
**Bloukrans Bungee Jump**
Der höchste Bungee-Sprung der Welt von einer 216 m hohen Brücke bei Nature's Valley.
Face Adrenalin
Tel. (042) 281 14 58
www.faceadrenalin.com

### MERIAN | TIPP

#### Otter Trail

Der Otter Trail im Tsitsikamma National Park ist einer der schönsten Wanderwege der Welt – und der mit Abstand bekannteste und überlaufenste Südafrikas. Ohne Anmeldung geht gar nichts – und die nötigen Permits für den Fünftagestrip sind Monate im Voraus vergriffen. Was viele nicht wissen: Auf den ersten drei Kilometern des spektakulären Küstenpfades kann man auch als Tagesgast im Nationalpark wandern, ganz ohne offizielle Erlaubnis. Der Weg beginnt an der spektakulären Hängebrücke über den Storms River Mouth und führt durch Fynbos-Vegetation und Küstenwälder. Mit etwas Glück und zur richtigen Jahreszeit sieht man Wale und Delfine in den Wellen des Indischen Ozeans. Am Ende des Pfades befindet sich ein kleiner Wasserfall – ein schöner Platz für ein ausgiebiges Picknick, bevor man sich wieder auf den Rückweg machen muss. (Mehr zum Otter Trail auf S. 96.)

---

### Endecken Sie das südliche Südafrika mit Kapstadt.com

Kapstadt | Weinland | Garden Route | Westküste | Cederberge

Das neue Magazin „Kapstadt – auf gut Deutsch" mit aktuellen Informationen rund um traumhafte Übernachtungsplätze, abenteuerliche Safariparks und Reisetipps für Kapstadt und Umgebung, Straßenkarten, Beiträgen zu Menschen und Kultur und vielen weiteren Informationen zu Immobilienkauf, Immigration etc. – seit Oktober an ausgewählten Kiosken in Deutschland oder per Bestellung über **www.kapstadt.com**

 **NEU:** Reisen Sie mit den Vorteilen der **Südafrika Premium Card**
Bis zu 20% Rabatt und viele weitere Vorzüge erwarten Sie bei der Buchung von Unterkünften, Mietwagen, Touren, Sprachkursen, Safaris, bei Restaurant-Besuchen und sportlichen Aktivitäten.

Endlich ist Urlaub wieder das, was er sein sollte: Erholung zu angemessenen Preisen! **www.suedafrika-karte.de**

**www.kapstadt.com**

**kapstadt.com**
auf gut Deutsch

# INFO NORDEN UND OSTEN

**MERIAN | AUSFLUG**

## Vorzeigedorf
### Tulbagh prunkt mit kapholländischen Häusern

„Land der Wellen" nannten die ersten holländischen Siedler die Gegend um **Tulbagh** (L 5), weil der Wind im Sommer so schön durch das lange Gras strömte. Wein, Obst und Oliven machten den kleinen Ort am Fuße der **Witsenberg Mountains** einst berühmt. Das abgeschiedene *dorpie* rund 120 Kilometer nordöstlich von Kapstadt ist heute ein beliebter Platz zum Heiraten. Grund dafür ist nicht etwa die malerische Tallage oder der Weinbau – andere Orte im 150 Kilometer langen Breede-River-Tal wie Montagu, Ceres und Worcester stehen da in nichts nach. Tulbaghs Attraktion ist die **Church Street**: ein kompletter Straßenzug, auf dem sich ein kapholländisches Haus ans nächste reiht. 32 davon – und damit nahezu alle Gebäude an der Straße – stehen unter Denkmalschutz.

Dass es die weißen reetgedeckten Häuser überhaupt gibt, ist ein kleines Wunder. Im September 1969 wurde Tulbagh vom schlimmsten Erdbeben heimgesucht, das Südafrika je erlebte. Die meisten Gebäude, auch die an der Church Street, wurden zerstört. Ein aus Historikern und Architekten gebildetes Team entwarf ein Wiederaufbauprogramm, dem der Ort das Straßenensemble verdankt: Getreu den Originalen aus dem 18. und 19. Jahrhundert wurden die Mauern aus sonnengetrockneten Tonsteinen wieder aufgebaut, die Dächer mit **Kapschilf** gedeckt.

Tulbagh ist ein bewohntes Freilichtmuseum: Neben den Cafés und Restaurants stolzieren Pfauen durch die Church Street und verdösen Katzen den Tag. Die Umgebung wird von alten Weingütern verziert: Der **Drostdy-Hof** beispielsweise mit seinem Museum „De Oude Drostdy" oder das Weingut „Twee Jonge Gezellen", dessen Schaumwein „à la méthode Cap Classique" der beste des Landes sein soll. *Ann Kathrin Sost*

---

**Tulbagh Country Guest House** Unterkunft in einem der historischen kapholländischen Häuser. 24 Church St, Tel. (023) 230 11 71
www.tulbaghguesthouse.co.za €
**The Old Tulbagh Hotel** Stilvolles Haus im historischen Stadtzentrum. Erstklassiges Restaurant. 22 Van Der Stel St, Tel. (023) 230 00 71
www.tulbaghhotel.co.za €€€
**Church Street** Ausstellung zum Erdbeben in Haus Nr. 4
**Weingut Twee Jonge Gezellen** Champagner-Weingut von 1710. www.tjwines.co.za *Mo-Fr 9-16, Sa-So 10-14 Uhr*
**Weingut Drostdy-Hof** Weinprobe im alten Sklavenkeller
www.drostdywines.co.za *Mo-Fr 10-17, Sa 10-14, So -16 Uhr*

---

## AUSKUNFT

**West Coast Regional Tourism**
Tel. (022) 433 85 05
www.capewestcoast.org, außerdem: www.sawestcoast.com
www.route27sa.com

Für alle Naturschutzgebiete:
**Cape Nature Conservation**
Tel. (022) 931 20 88
www.capenature.org.za

Örtliche Touristeninformationen:
(L 5) **Citrusdal**, Voortrekker St
Tel. (022) 921 32 10
www.citrusdal.info
(L 4) **Clanwilliam**, Main St
Tel. (027) 482 20 24
www.clanwilliam.info
(K 4) **Lambert's Bay**, Church St
Tel. (027) 432 10 00
www.lambertsbay.co.za
(P 5) **Oudtshoorn**, Baron van Reede St, Tel. (044) 279 25 32
www.oudtshoorn.com

## HOTELS

(L 5) **Citrusdal**
**Kardouw Tree Tops**
Romantisch-rustikale Baumhäuser auf einer ehemaligen Farm am Olifants River.
Tel. (022) 921 36 26
www.citrusdal.info/kardouw
€€€

(L 4) **Clanwilliam**
**Bushmans Kloof**
Luxus pur in den Cederbergen (siehe S. 100) mit Pools und Sauna. 130 Felszeichnungen auf dem Gelände.
34 km östlich von Clanwilliam
Tel. (021) 797 09 90
www.bushmanskloof.co.za
€€€€

(M 5) **Kagga Kamma**
**Kagga Kamma Private Game Reserve**
Resort auf 1250 m Höhe kurz vor der Karoo-Wüste. Perfekt für Sternengucker, spektakuläre Sonnenuntergänge am Rand einer Schlucht.
3 Autostunden von Kapstadt
Tel. (021) 872 43 43
www.kaggakamma.co.za
€€€€

(K 5) **Langebaan**
**The Farmhouse Hotel**
Edles Landhotel mit Blick auf Lagune. Preisgekröntes Weinangebot in einem restaurierten kapholländischen Gebäude.
5 Egret St, Tel. (022) 772 20 62
www.thefarmhouselangebaan.co.za €€€

(K 5) **Paternoster**
**Paternoster Hotel**
Das erste Haus am Platze: mehr als 100 Jahre alt, strandnah, sehr komfortable Zimmer.
Main Rd, Tel. (022) 752 27 03
www.paternosterhotel.co.za
€€€

(P 5) **Prince Albert**
**Onse Rus Guest House**
Restauriertes Farmhaus von

Perfekt rekonstruiert: Nachdem 1969 ein Erdbeben fast ganz Tulbagh zerstört hatte, wurden die Häuser im alten Stil wieder aufgebaut. Viele von ihnen stehen heute unter Denkmalschutz

**Villa Honeywood Guest House**
Luxuriöse 5-Sterne-Unterkunft in Kapstadt mit sensationellem Blick auf die False Bay und die Hottentots-Holland-Gebirgskette
www.villahoneywood.com
info@villahoneywood.com
Tel. 0027 21 782 96 94
Fax 0027 21 782 96 95

1852 am Fuße der Swartberg Mountains. Stilvolle Zimmer.
7 Church St
Tel. (023) 541 13 80
www.onserus.co.za

## RESTAURANTS

**(M 6) Klaas Voogds East**
**Fraai Uitzicht 1798**
Eines der Top-Restaurants Südafrikas mit Blick über die Weinberge. Unbedingt reservieren!
Tel. (023) 626 61 56
www.fraaiuitzicht.com
tgl. ganztägig geöffnet,
Juni-Aug. geschl.

**(P 6) Oudtshoorn**
**Headlines Restaurant**
Auf Straußenfleisch spezialisiert: alles vom Straußenfrühstück bis zum Straußenkebab.
Baron van Reede/St John St
Tel. (044) 272 34 34
Mo-Sa 8.30-15, 17.45-23,
So 11.30-15 Uhr

**(P 5) Prince Albert**
**Karoo Kombuis**
Bistro mit traditioneller Karooküche. Opulenter Sonntagslunch. Verandaplätze reservieren! Kinder unter 10 sind übrigens nicht willkommen.
8 Deurdrift St
Tel. (023) 541 11 10
tgl. mittags, abends

## SEHENSWERT

**(L 4) Rooibos Tea Tour**
Der Rotbusch, der nur hier wächst, wird erst seit 1904 vermarktet. Besichtigung der Fabrik mit Videoshow – und natürlich einer Tasse Tee.
Fabrik nahe Clanwilliam
Tel. (027) 482 21 55
www.rooibosltd.co.za Tour Mo-Fr
10, 11.30, 14, 15.30 Uhr

**(L 5/6) West Coast National Park**
Abertausende von Zug- und Seevögeln tummeln sich auf windgeschützten Inseln, auf Stränden, im türkisfarbenen Wasser der Lagune von Langebaan.
Tel. (022) 772 21 44
www.sanparks.org Juni-Sept.
8.30, Okt.-März 6-20 Uhr

**(K 5) West Coast Fossil Park**
Nationales Kulturerbe am Fundort von bis zu fünf Millionen Jahre alten Fossilien. 200 verschiedene Tierarten in Stein.
120 km nördl. von Kapstadt an der R 27
Tel. (022) 766 16 06
www.museums.org.za/wcfp
Mo-Fr 10-16, Sa/So 9-12;
geführte Touren tgl. 11.30 Uhr

**(M 6) Karoo Desert National Botanical Garden**
Botanischer Garten, spezialisiert auf Sukkulenten – insgesamt mehr als 400 Arten. Die Kakteenblüte im August und September ist ein Erlebnis.
Roux Rd, Worcester
Tel. (023) 347 07 85
www.sanbi.org/frames/karfram.htm
tgl. 7-18 Uhr

**(P 5) Karoo National Park**
Die Wüste im Kleinformat: bizarre Felsformationen, dazwischen Bergzebras, Büffel, Adler, Reptilien. Schöne Unterkünfte im Park; Tipp: das Außencamp „Mountain View" für Selbstversorger.
6 km südwestl. Beaufort West
Tel. (023) 415 28 28
www.sanparks.org
tgl. 5-22 Uhr, 60 Rand

**(N 6) Sanbona Wildlife Reserve**
54 000 Hektar unberührter Bergwelt mit heimischer Flora und Fauna, Felszeichnungen – und einem luxuriösen Wellness-Center mit Übernachtungsmöglichkeit.
Bei Montagu
Tel. (028) 572 13 65
www.sanbona.com

**(P 5/6) Swartberg Nature Reserve**
Über den schwindelerregenden Swartberg Pass in eine schroffe Berglandschaft. Extreme Klimaunterschiede zwischen eiskalten Wintern mit Schnee und trocken-heißen Sommern.
40 km von Oudtshoorn
(5 km von Prince Albert)
Tel. (044) 203 63 00
www.capenature.org.za

**Traumurlaub in Südafrika**

**Constantia – Kapstadt**

Villa Coloniale
11 Willow Road
Constantia 7800
Tel.: +27 21 794 2052
Fax: +27 21 794 1981
info@villacoloniale.com
www.villacoloniale.com

- 4-star luxury Guesthouse inmitten eines eigenen paradiesischen Parkes mit grossem Salzwasser-Swimmingpool und eigenem Chipping-/Putting Green
- Umgeben von fünf bedeutenden Weingütern mit ihren berühmten Restaurants
- Helle, ruhige, sehr grosszügige und geschmackvoll eingerichtete Suiten mit jeglichem Komfort (Livingroom, Schlaf- und Badezimmer mit separater Dusche, eigene Terrasse und Patio)
- Die City, die berühmte V&A Waterfront, der Table-Mountain, das Meer mit seinen weissen Sandstränden und 15 Golfplätze sind problemlos innerhalb von 20 Minuten zu erreichen
- Weintouren, Ausflüge ums und am Kap der guten Hoffnung, Weiterreisen Richtung Garden-Route, Airport-Shuttle und Mietwagen werden organisiert
- Mai – August – Spezialarrangements
- Villa Coloniale, südafrikanisches Flair unter schweizer Führung, ist stolz darauf, Ihnen unvergessliche Ferien zu bieten

# INFO CITYTOUR

*Soeben erschienen: MERIAN Live Südafrika präsentiert außer Kapstadt auch lohnenswerte Ziele im ganzen Land*

## MERIAN | SPAZIERGANG
# Gut zu Fuß

Das imposante South African Museum ist das älteste Landesmuseum

Der Spaziergang beginnt an der **Touristeninformation am Pinnacle Building** ❶ in der Burg Street, hier können Sie sich mit Karten und Informationen eindecken. Folgt man der Burg Street Richtung Tafelberg, kommt man direkt zum **Greenmarket Square** ❷, auf dem Händler aus ganz Afrika Kunsthandwerk wie Textilien feilbieten: Für Shopping-Fans ein Muss!
Auf der gegenüberliegenden Seite sehen Sie das **Old Town House**. Linkerhand gelangt man in die parallel verlaufende Fußgängerzone **St. George's Mall**: Hier treffen sich Geschäftsleute und Touristen, es gibt nette Cafés, von denen sich die meisten aber eher durch Touristenpreise als durch gutes Essen auszeichnen. Nach rechts laufen Sie auf die **St. George's Cathedral** ❸ zu, in der schon Friedensnobelpreisträger Desmond Tutu predigte. Sie ist zu besichtigen.
Vor der Kirche führt die Wale Street zum Tafelberg nach rechts ins historische **Bo-Kaap-Viertel.** Auf dem Weg dorthin kreuzt man Long, Loop, Bree und die breite Buitengracht Street. Dann aber taucht man in eine andere Welt ein: Kleine, knallbunt angestrichene Häuser schmiegen sich an den Hang, Kinder spielen auf der Straße und hinter jeder Ecke – so scheint es – versteckt sich eine Moschee. Rund hundert Meter den Berg hinauf liegt links das **Bo-Kaap Museum** ❹, ein paar Minuten weiter kann man rechts bei **Biesmiellah** kapmalaiisch essen gehen. Die Bewohner haben nichts dagegen, wenn man ihre Häuser fotografiert – allerdings muss mit kritischen Blicken rechnen, wer allzu freizügig angezogen ist. Behalten Sie Ihre Wertsachen im Auge, im Bo-Kaap gibt es viele Taschendiebe.
Über Seitenstraßen und immer der Nase nach gehen Sie dann wieder hinunter in die Innenstadt bis zur **Long Street**, der Einkaufs- und Vergnügungsmeile Kapstadts. Der Bummel die Straße hoch kann Minuten dauern – oder Stunden:

Je nachdem, ob Sie nur auf einen Kaffee bei **Lola's** vorbeischauen, in **Clarke's Book Store** die Zeit vergessen oder sich zum Mittagessen bei **Mojito** oder **Mama Africa** niederlassen. Ganz am Ende befinden sich rechts die deutsche evangelisch-lutherische Kirche und links das eher unspektakuläre, aber traditionsreiche **Türkische Bad**. Halten Sie Sich vor der Ampel links und biegen Sie gleich darauf wieder links ein in die Queen Victoria Street: An der Ecke steht eine Moschee, die vor kurzem noch eine Kirche war.
Hier sehen Sie vor sich nun das Planetarium, und dahinter **Company's Gardens** ❺, Kapstadts Stadtpark. Genießen Sie die Sonne und das subtopische Grün – oder machen Sie sich auf die Tour durch die Museen: Rechts das **South African Museum** ❻, geradeaus auf der anderen Seite der Hauptallee die **National Art Gallery** ❼. Direkt daneben befindet sich das **Jewish Museum** ❽ mit der 1905 fertig gestellten Großen Synagoge und dem Holocaust-Zentrum.
Folgt man der Hauptallee nach unten, kommt man rechts an einem kleinen botanischen Garten vorbei, an den sich die South African Library anschließt, bevor man sich der St. George's Cathedral von hinten nähert. Wer jetzt essen möchte, dem sei das **Restaurant im Keller der Kathedrale** ❸ empfohlen: Kühler ist es im Hochsommer nirgendwo!
Am unteren Ende der Company's Gardens beginnt die Adderley Street – berühmt für ihre Weihnachtsdekoration, für nächtliche Flohmärkte und Militärparaden. Außerdem findet man hier die **Slave Lodge** ❾, ein lohnendes kulturhistorisches Museum und gegenüber (auf der anderen Straßenseite) die **Groote Kerk** ❿, die Mutterkirche der niederländisch-reformierten Kirche. Folgen Sie der Adderley Street bis zum Blumenmarkt am Trafalgar Place. Danach kehrt man am besten zur gerade überquerten Darling Street zurück und folgt ihr Richtung Devil's Peak vorbei an der City Hall und der Grand Parade bis zum **Castle of Good Hope** ⓫. Nach einer Führung geht es auf dem selben Weg zurück, dann über die Adderley Street hinweg in die St. George's Mall und zurück zum Ausgangspunkt.

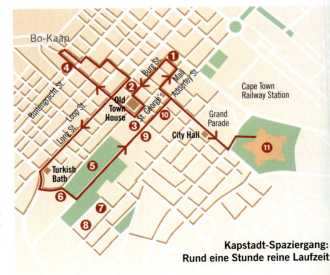

Kapstadt-Spaziergang: Rund eine Stunde reine Laufzeit

122 MERIAN www.merian.de

# INFO SERVICE

## Landesdaten Südafrika

**Einwohner:** 45 Mio.
Kapstadt: 3 Mio., Western Cape: 5 Mio.
**Fläche:** 1 219 090 km$^2$
Western Cape: 129 370 km$^2$
**Bevölkerungsstruktur:** 79%
Schwarze, 9,6% Weiße,
8,9% Coloureds, 2,5% Asiaten
**Religion:** etwa 75 % Christen,
1,2 % Hindus, 1,5 % Moslems
0,2 % Juden, einheimische Religionen
**BIP:** rd. 250 Mrd. US-Dollar
**Währung:** Rand (10 Rand ca. 1 Euro)
**Sprachen:** 11 Amtssprachen
Western Cape: Afrikaans 55,3 %,
Xhosa 23,7 %, Englisch 19,3 %
**Tourismus:** 7,5 Mio. Ausländer

## Sicherheit

Südafrika hat eine der höchsten Kriminalitätsraten der Welt. Allerdings passieren die meisten Verbrechen in den Townships.
**1. Geben Sie sich nicht sofort als Tourist zu erkennen!** Lassen Sie Pass und Schmuck zu Hause, Handy und Kamera in der Tasche. Haben Sie sich verlaufen, fragen Sie im nächsten Geschäft nach dem Weg.
**2. Vermeiden Sie einsame Plätze und verlassene Strände, vor allem am späten Abend.** Die Innenstadt, das Gebiet um die Long Street, ist abends begehbar – aber besser nicht allein. Sicher zu jeder Zeit ist die Waterfront. Gefahr von Raubüberfällen am Lion's Head und am Tafelberg. Umsichtig sein an Geldautomaten!
**3. Fahren Sie nicht allein in die Townships, außer Sie wissen genau, wohin und wie Sie dorthin kommen.** Halten Sie nicht auf dem Seitenstreifen der Autobahn. Nehmen Sie keine Anhalter mit. In zwielichtigen Gegenden Fenster schließen, Türen verriegeln. Notfalls darf man nachts auch rote Ampeln missachten. Nichts offen im Auto liegen und Parkwächter aufs Auto aufpassen lassen.
**4. Öffentliche Verkehrsmittel:** Fahrten in den Minibus-Taxen sind halsbrecherisch, aber billig und schnell.
**5. Im Falle eines bewaffneten Angriffs defensiv reagieren.** Ihr Leben ist mehr wert als Geld oder Handy!
**6. Notrufnummern:** 101 11 (Polizei), 101 77 (Krankenwagen).

saa.com) oder günstiger mit Kulula (www.kulula.com), 1Time (www.1time.co.za) oder Nationwide (www.nationwide.co.za); Buchung jeweils über Internet mit Kreditkarte oder direkt am Flughafen.
Es gibt drei große Überlandbus-Gesellschaften (www.translux.co.za; www.greyhound.co.za; www.intercape.co.za) mit komfortablen Bussen und günstigen Preisen. Normale Züge brauchen deutlich länger als Busse und sind nur etwas für passionierte Bahnfahrer (www.spoornet.co.za; unbedingt Erste Klasse wählen). Die Luxusvarianten heißen Blue Train (www.bluetrain.co.za) und Rovos Rail (www.rovos.co.za).

### ÜBER NACHT

Die Unterkünfte sind durchweg von hohem Standard: vom Hotel über Gästehäuser und B&Bs bis hin zu Selbstversorger-Unterkünften. Die Anzahl der Sterne ist zwar ein gutes Qualitätsmerkmal, dennoch sind auch viele Häuser ohne Stern empfehlenswert. Je nach Saison variieren die Preise erheblich. Im Winter (Mai/Juni-Aug./Sep.) oft Sonderangebote.

### ESSEN UND TRINKEN

Das Essen ist gut und günstig: Ein durchschnittliches 3-Gänge-Menü kostet unter 16 €; Frühstück 5-6 €. Überall bekommen Sie kostenlos Leitungswasser. In fast allen Restaurants gilt „wait to be seated". Von Fr-So sowie feiertags telefonisch reservieren.

### BÜCHER

**Kapstadt und Garden Route**
Heidrun Brockmann u.a.,
Iwanowski's, 2006, 25,95 €
Gut recherchierte Tipps für Individualreisende.

**Südafrika: Die Kapregion**
Barbi Lasar, PMV 2004, 24,95 €
Ausführlich und kompetent.

**Kapstadt, MERIAN live!**
Thomas Knemeyer, 2005, 8,95 €
**Südafrika, MERIAN live!**
Thomas Knemeyer, Sandra Claassen, 2006, 10,95 €
Detailreich, praktisch, informativ.

In der neuen **MERIAN Reiseführer**-Reihe: **Südafrika, Corinna Arndt**, 24,95 €.
Umfassende Informationen und Hintergründe, herausnehmbare Faltkarte. Voraussichtlich ab April 2007.

**Das schönste Ende der Welt**
Franziskus Kerssenbrock
Picus 2006, 13,90 €
Anekdotenreiche Geschichten erzählen vom Leben in Kapstadt.

www.merian.de MERIAN 128

## ANREISE

Besucher aus Deutschland, Österreich und der Schweiz benötigen lediglich Pass und Rückflugticket. Bei Einreise erhält man ein dreimonatiges Touristenvisum, das im Land noch einmal um drei Monate verlängert werden kann. Der Pass muss mindestens 30 Tage nach Rückreise noch gültig sein und eine freie Seite haben. Von Deutschland direkt nach Kapstadt fliegen Lufthansa/SAA, LTU, meist über Nacht, ca. 10,5 Stunden. Andere Flüge gehen über Johannesburg. Die meisten Hotels bieten einen Shuttle-Service von und zum Flughafen an, Sie können sich aber auch ein Taxi ins Zentrum für etwa 27 € nehmen.

## BOTSCHAFTEN

**Botschaft der Republik Südafrika in Berlin**
Tiergartenstr. 18, 10785 Berlin, Tel. (030) 220 73-0
www.suedafrika.org

**Deutsches Konsulat in Kapstadt**
22 Riebeeck St., Safmarine House, 19. Stock; Tel. (021) 405 30 00; info@germanconsulatecapetown.co.za (F 4)

**Österreichisches Konsulat in Kapstadt**
1 Thibault Square, Ecke Long St./Strijdom Ave., 3. Stock; Tel. (021) 421 14 40; kapstadt-gk@bmaa.gv.at (F/G 4)

**Schweizer Generalkonsulat in Kapstadt**
1 Thibault Square, Ecke Long St./Strijdom Ave., 26. Stock; Tel. (021) 418 36 65; vertretung@cap.rep.admin.ch (F/G 4)

## EINKAUFEN

Die Öffnungszeiten variieren stark; mindestens 9-17, Sa bis 13 Uhr, oft länger. Einkaufszentren schließen in der Regel später. Große Supermärkte haben oft bis 21 Uhr und auch So geöffnet. Im Preis (außer bei Grundnahrungsmitteln) sind 14 % Mehrwertsteuer inbegriffen. Diese kann man sich bei der Ausreise am Flughafen zurückerstatten lassen, wenn man beim Kauf eine Steuerrechnung (tax invoice) verlangt hat. Bei einem Wert von über 70 € sollten Sie darauf achten, dass die Rechnung die Ware klar benennt sowie VAT-Nummer, Name und Adresse des Verkäufers aufführt. Die Rückerstattungs-Schalter (VAT Refund Office) finden Sie im Check-In-Bereich der internationalen Flughäfen; eine Zweigstelle im Clock Tower Centre an der Waterfront.

## GESUNDHEIT

Die Westkap-Provinz ist malariafrei. Für direkt aus Mitteleuropa Einreisende sind keine Impfungen vorgeschrieben. Leitungswasser kann man überall trinken – das Kapstädter ist eines der besten der Welt. Nehmen Sie sich am Strand vor bläulich aussehenden Quallen in Acht (blue bottels); deren Nesselgift ist nicht tödlich, aber äußerst schmerzhaft. Besonders in der False Bay gibt es Haie (keine Hainetze!). Beim Wandern sollte man wegen der Giftschlangen stets lange Hosen und feste Schuhe tragen; allerdings ist das Risiko, ihnen zu begegnen, gering. Denken Sie daran, dass das Wetter auf dem Tafelberg schnell umschlagen kann. Eine Wanderung auf das Wahrzeichen Kapstadts ist kein Nachmittagsspaziergang – jedes Jahr müssen Touristen mit Hubschraubern vom Berg gerettet werden! Ambulanz/Bergrettung in Kapstadt: Tel. (021) 948 99 00
Das Aids-Risiko ist in Südafrika extrem hoch! Wer sich mit Einheimischen egal welcher Hautfarbe einlässt, sollte das wissen. Tuberkulose ist ein Problem in den Townships. Besonders private Krankenhäuser haben einen hohen Standard (z. B. die Medi-Clinics, Netcare, Constantiaberg Hospital). Bezahlt wird mit Kreditkarte, Ihre Auslandskrankenversicherung erstattet die Kosten später zurück. Oft gibt es in den Apotheken imitierte Medikamente („generics"), die genauso gut, aber deutlich günstiger sind als die Originalpräparate.

## SPRACHE

Im Western Cape herrschen Englisch und Afrikaans vor. Fast überall kommt man mit Englisch aus. In vielen Hotels wird Deutsch gesprochen.

## STROM UND TELEFON

Elektrische Geräte aus Deutschland können mit Adapter überall benutzt werden. Deutsche SIM-Karten funktionieren in der Regel, die Roaminggebühren sind aber sehr hoch. Bei längeren Aufenthalten (vertragsfreie) SIM-Karte kaufen („starter pack") und sie mit Gutscheinen („air time") aufladen, die man im Supermarkt an der Kasse bekommt.
Vorwahlen
Südafrika: 00 27
Kapstadt: 021
Deutschland: 09 49
Österreich: 09 43
Schweiz: 09 41
Telefonauskunft national: 10 23; international: 10 25

## TRINKGELD

Üblich sind 10 % in Restaurants, bei sehr gutem Service auch mehr: Das Personal lebt fast ausschließlich vom Trinkgeld. In einigen Touristenregionen wird Trinkgeld als Bedienungszuschlag auf die Rechnung gesetzt – das ist aber Ausnahme. Trinkgeld an der Tankstelle wird nicht erwartet, aber gern genommen. Gepäckträger bekommen 10 Rand (ca. 1 €), informelle Parkwächter bei Nacht das gleiche, am Tag etwa die Hälfte – aber erst bei Abfahrt!
An vielen Tankstellen und in fast allen Hotels, Geschäften, Restaurants kann man mit Kreditkarte zahlen. Bargeld erhält man an den Automaten der großen Banken mit EC- oder Kreditkarte. An ABSA-Automaten kann man bis zu 3 000 Rand auf einmal abheben. Beim Einlösen von Reiseschecks fallen hohe Gebühren an. Öffnungszeiten der Banken: Mo-Fr 9-15.30, Sa 8.30-11.30 Uhr.

### MERIAN-ORBIT

Der Blick fällt senkrecht auf den Tafelberg. Am linken oberen Rand sieht man den länglichen Lion's Rump, der im Süden mit dem Lion's Head endet. Westlich davon beginnen die chicen Seebäder Clifton und Camps Bay. An den östlichen Hängen des Bergmassivs liegen die noblen Orte Kirstenbosch, Rondebosch und Constantia

1 V & A-Waterfront
2 Signal Hill
3 Lion's Head
4 Clifton
5 Camps Bay
6 Tafelberg
7 Devil's Peak
8 Groote Schuur Estate
9 Newlands Rugby Stadium
10 Kirstenbosch
11 Constantia

## UNTERWEGS

**Mit dem Auto**
In Südafrika herrscht Linksverkehr. Die Straßen sind größtenteils in gutem Zustand. Das Tempolimit in Ortschaften liegt bei 60 km/h, auf Landstraßen bei 100 km/h, auf der Autobahn bei 120 km/h. Wer zu schnell fährt, muss mit hohen Bußgeldern oder sogar mit einer Gefängnisstrafe rechnen. Geblitzt wird selbst in der Wüste! Autofahrer brauchen einen internationalen Führerschein. Es gibt unzählige Autovermietungen; die großen Anbieter sind durchweg zu empfehlen. Anmietung nur mit Kreditkarte, am günstigsten von Deutschland aus oder online.

**Andere Verkehrsmittel**
Innerhalb Südafrikas fliegt man entweder mit SAA (www.fly

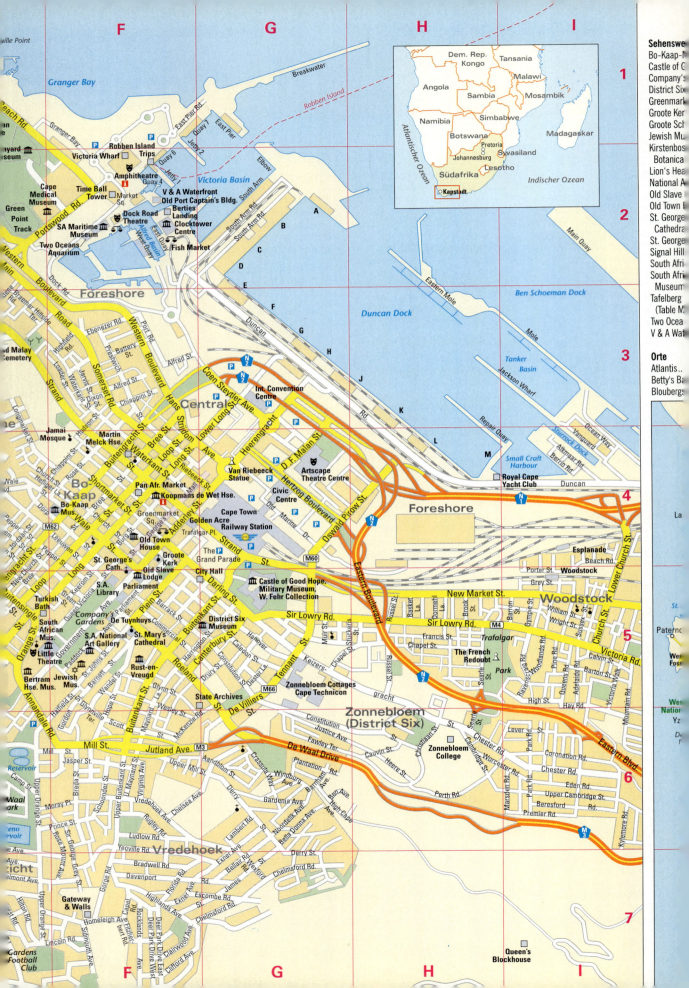

# INFO GESCHICHTE

Monumentale Erinnerung an die Zeiten britischen Kolonialismus: Reiterstandbild von Cecil Rhodes an den Flanken des Devil's Peak

## MERIAN | RÜCKBLICK
# Gejagt und vertrieben
### Das schwere Los der San und Khoikhoi

Südafrika hat elf offizielle Landessprachen, die Sprachen der Ureinwohner aber gehören nicht dazu. Zumindest hat die Geschichte der **Khoikhoi** und der **San** inzwischen Einzug in die Geschichtsbücher gehalten, zu Apartheidzeiten begann die Historie des Landes erst mit der Landung Jan van Riebeecks am Kap. Lange bevor die ersten schwarzen Bantu-Stämme aus dem Norden an die Südspitze Afrikas wanderten, siedelten sich in der Kapregion bereits zwei Völker an: seit mehreren tausend Jahren die jagenden San („Buschmänner") und die Vieh züchtenden Khoikhoi („Hottentotten"), die um das Jahr **500 n. Chr.** von Norden dazustießen. Sie lebten in großen, hierarchisch gegliederten **Gemeinschaften mit ausgeprägten Sozialstrukturen**. Im Jahr **1500** waren es etwa **120 000 Khoisan** (unter diesem Namen heute oft zusammengefasst), viele davon lebten nahe dem Tafelberg.

Gemeinsam ist den Khoikhoi und den San unter anderem ihre klickende Sprache, deren Einfluss sich noch im heutigen **Xhosa** wiederfindet. Mit Eintreffen der ersten Siedler waren die Tage der Khoisan gezählt. Die Niederländer errichteten mit dem **Castle of Good Hope** ihren ersten befestigten Stützpunkt und begannen hier mit der Vertreibung der Ureinwohner. Sie behandelten sie wie wilde Tiere und erschossen viele auch willkürlich. Die Khoikhoi und San wurden immer weiter ins trockene Landesinnere zurückgedrängt, viele starben an Unterernährung und Pocken. Heute gibt es noch ca. 5000 San und 10 000 Khoikhoi am Kap, in Namibia und Botswana.

## GESCHICHTSDATEN

**Vor 1-3 Mio Jahren** lebt Australopithecus africanus am Kap.
**Vor 26 000 Jahren** bevölkern San und Khoikhoi das Kap.
**250 v. Chr.-1400 n. Chr.** ziehen Bantustämme unterschiedlicher Sprachen nach Süden.
**1488** Der Portugiese Bartolomeu Diaz umsegelt das Kap der Guten Hoffnung, nennt es vorerst „Kap der Stürme" und landet in Mossel Bay.
**1497/98** umsegelt Vasco da Gama das Kap auf dem Weg nach Indien.
**1652** Der Holländer Jan van Riebeeck landet im Auftrag der niederländischen Ostindien-Kompanie am Kap und errichtet eine erste befestigte Niederlassung, aus der sich das heutige Kapstadt entwickelt. In der Folge beginnt die Vertreibung der Khoisan.
**1658/59** Die ersten Sklaven aus Südostasien erreichen das Kap.
**1679** Stellenbosch wird von Simon van der Stel als weitere Siedlung am Kap gegründet.
**1779** Beginn der rund 100 Jahre dauernden Kriege zwischen den weißen Siedlern und den Xhosa.
**1806** Endgültige Annektion durch Großbritannien.
**1817** König Shaka einigt die Zulu im heutigen KwaZulu-Natal. Expansionskriege.
**1833** Abschaffung der Sklaverei durch das britische Parlament.
**ab 1835** Der Große Treck der Buren ins Landesinnere.
**1890** Cecil John Rhodes wird Premierminister der Kapkolonie.
**1899-1902** Zweiter Burenkrieg (Anglo-Boer War), Engländer kämpfen gegen die Buren.
**1912** Gründung des ANC (African National Congress).
**1948** Wahlsieg der National Party und Beginn der Apartheid-Politik.
**1955** Verabschiedung der Freedom Charter in Kliptown.
**1960** Massaker von Sharpeville; Verbot des ANC und anderer Widerstandsgruppen.
**1964** Nelson Mandela und andere ANC-Aktivisten werden zu lebenslangen Haftstrafen verurteilt.
**1967** Christiaan Barnard führt in Kapstadt die erste Herzverpflanzung am Menschen durch.
**1976** Schüleraufstand von Soweto; Beginn landesweiter Unruhen.
**1990** De Klerk lässt Mandela (nach 27 Jahren Haft) und andere politische Gefangene frei.
**Anfang 1990er Jahre** Blutige Kämpfe zwischen ANC und IFP (Inkatha Freedom Party)-Anhängern.
**1993** Übergangsverfassung
**1994** Erste demokratische Wahlen, Mandela wird Präsident, de Klerk und Mbeki Vize-Präsidenten.
**1996** Verabschiedung der neuen südafrikanischen Verfassung. Das Kabinett beschließt die GEAR-Wirtschaftspolitik (Growth Employment and Redistribution).
**1996-1998** Die Wahrheitskommission bringt Apartheidverbrechen ans Licht.
**1999** Der ANC gewinnt erneut die Wahlen. Thabo Mbeki wird Präsident.
**2004** Wahlsieg des ANC mit Zweidrittel-Mehrheit. Südafrika erhält den Zuschlag für die Fußball-WM 2010.
**2006** Zunehmende Spannungen innerhalb des ANC; Kritik an Mbekis Führungsstil und den geringen Fortschritten in der Armutsbekämpfung.

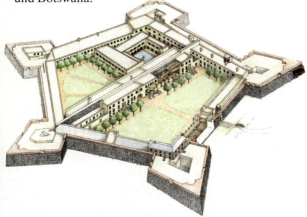

Das Castle of Good Hope in Kapstadt von 1666, erstes Steingebäude Südafrikas, wird bis heute vom Militär genutzt

126 MERIAN www.merian.de

# INFO GESCHICHTE

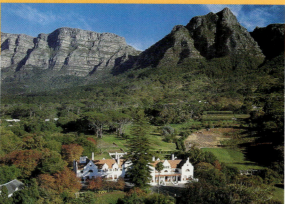

Weißes Haus: Die Spitzen von ANC und Regierung, Nelson Mandela und F. W. de Klerk, besiegeln 1990 am Fuße des Devil's Peak den Anfang vom Ende der Apartheid

## MERIAN | GROOTE SCHUUR

## Wo die Wende begann

Am Wohnsitz des Präsidenten wurde der Grundstein für das neue Südafrika gelegt

Eine prächtige kapholländische Fassade, weiße Giebel, eine Veranda mit Säulen. Im Garten, an einem Redepult, zwei Männer, der eine weiß, der andere schwarz, vor ihnen ein Meer von Fotografen. Als am **4. Mai 1990 Frederik Willem de Klerk und Nelson Mandela** nach zwei Verhandlungstagen gemeinsam vor die Presse treten, ist **Groote Schuur** bereits ein geschichtsträchtiges Haus. Nun wird es endgültig zum bekanntesten Gebäude des Landes.
Auch wenn nicht viel mehr als weitere Verhandlungen vereinbart werden und – Mandela befindet sich erst seit drei Monaten in Freiheit – der friedliche Wechsel noch keineswegs gesichert ist: in Groote Schuur entsteht das erste gemeinsame Dokument des schwarzen **Afrikanischen Nationalkongresses (ANC)** mit dem **Apartheidstaat**. Besiegelt wird das Ende des Systems erst drei Jahre später, nach weiteren Massenstreiks des ANC, Repressionen der Regierung, brutaler Gewalt paramilitärischer Organisationen und immer wieder Funkstille zwischen den Blöcken – auch zwischen de Klerk und Mandela. Aber das „Groote-Schuur-Protokoll" ist ein erster Minimalkonsens auf dem Weg zur Abschaffung der Rassentrennung, der vorläufige Endpunkt des schon jahrelangen geheimen Verhandlungsprozesses, der 1989 mit dem Rücktritt des Hardliners Pieter Willem Botha und der Wahl de Klerks, des früheren Erziehungsministers, bedeutend an Fahrt aufgenommen hatte.
Doch das Anwesen ist nicht nur ein Symbol des friedlichen Dialogs, sondern auch ein Wahrzeichen des kolonialen Südafrika. Der Niederländer **Jan van Riebeeck** ließ Groote Schuur bereits **1657** als Getreidespeicher mit Wohnräumen für den Gutsverwalter und seine Familie errichten – „Groote Schuur" bedeutet „große Scheune". Dass das Gebäude am Fuße des Devil's Peak heute noch steht, hat Kapstadt ausgerechnet **Cecil Rhodes** zu verdanken – für die einen Freiheitsheld und Gründervater Südafrikas, für die anderen ein Imperialist, der personifizierte Kolonialismus.
Rhodes kaufte das Gebäude **1893**, machte es während seiner Amtszeit als Premierminister der Kapkolonie zu seiner Residenz und vererbte es – ganz im Sinne seiner politischen Vision – einem zukünftigen vereinigten südafrikanischen Staat. Herbert Baker, ein junger britischer Architekt, renovierte für Rhodes das schon vorher mehrfach umgebaute Gebäude. Er entfernte alle britisch-viktorianischen Elemente und imitierte stattdessen die Bauweise der ersten Siedler. So wurde er zum Begründer des kapholländischen „Retro-Stils", der bis heute die Region prägt. 1910 dann, mit der Gründung der Südafrikanischen Union, wurde Groote Schuur zum **Wohnsitz der Premierminister**, ab 1984 der Präsidenten.
**1989** war das Haus in einem desolaten Zustand. Bei „Groote Schuur" dachte selbst in Südafrika jeder nur noch an das gleichnamige benachbarte Krankenhaus, in dem 1967 erstmals ein menschliches Herz transplantiert wurde. Marike de Klerk war schockiert, als sie mit ihrem Mann Groote Schuur bezog: „Das Haus schrie danach, seine Seele zurückzubekommen." Als es wieder in altem Glanz erstrahlte, empfing ihr Mann dort die Spitzen des ANC. Mandela war der erste Präsident, der nicht mehr in Groote Schuur wohnte.

Besuche sind nach Voranmeldung möglich:
Groote Schuur, Rondebosch, Tel. (021) 686 91 00

www.merian.de MERIAN 129

Freuen Sie sich auf das nächste Heft | Im Handel ab 14. Dezember 2006

Paradies für Nixen: zauberhaftes Unterwasser-Ballett in Weeki Wachee

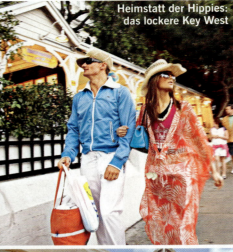

Heimstatt der Hippies: das lockere Key West

Bonbonfarbener Kiez: Art déco und Glamour in Miami Beach

Zuletzt erschienen:

November 2006

Oktober 2006

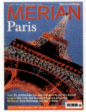

September 2006

August 2006

Juli 2006

Juni 2006

# Florida ist bunt wie ein Zirkus, ein Trommelfeuer für die Sinne.

**Menschen, Tiere und Sensationen in der Latinometropole Miami und Dutzenden Vergnügungsparks. Außerdem: Traumstrände, einzigartige Naturschönheiten und jeden Abend der spektakuläre Sonnenuntergang am Golf von Mexiko**

> Szene-Metropole: Miami feiert die Schönheit, die Kunst und das Nightlife
> Fluss aus Gras: Expedition in die unberührte Wildnis der Everglades
> Den Sturm im Auge: Das National Hurricane Center überwacht die Gefahr
> Muschelparadies: Schätze an den Stränden von Sanibel und Captiva
> Amerikas Karibik: Auf den Florida Keys ist das Leben entspannt

130 MERIAN | Verpassen Sie nicht die nächsten Ausgaben von MERIAN: Vorarlberg | Luxemburg | Vietnam | Valencia | Rügen | Wien/Niederösterreich Abotelefon (040) 87 97 35 40 oder www.merian.de